U0683362

雄安，雄安

XIONG AN XIONG AN

本书编写组 编

北京市

★

天津市

保定

容城

雄县

安新

新华出版社

图书在版编目（CIP）数据

雄安，雄安 /《雄安，雄安》编写组编.
——北京：新华出版社，2017.5
ISBN 978-7-5166-3250-5

Ⅰ. ①雄… Ⅱ. ①雄… Ⅲ. ①开发区－概况－河北
Ⅳ. ①F127.22

中国版本图书馆CIP数据核字(2017)第103100号

雄安，雄安

主　　编：《雄安，雄安》编写组

选题策划：要力石　　　　　　　　　　责任编辑：江文军　张永杰
责任印制：廖成华　　　　　　　　　　责任校对：刘保利
封面设计：崔晶茹

出版发行：新华出版社
地　　址：北京石景山区京原路8号　　　邮　　编：100040
网　　址：http://www.xinhuapub.com
经　　销：新华书店、新华出版社天猫旗舰店、京东旗舰店及各大网店
购书热线：010－63077122　　　中国新闻书店购书热线：010－63072012

照　　排：臻美书装
印　　刷：河北鑫兆源印刷有限公司
成品尺寸：170mm×240mm　16开
印　　张：15　　　　　　　　　　　字　　数：175千字
版　　次：2017年6月第一版　　　　　印　　次：2017年6月第二次印刷
书　　号：ISBN 978-7-5166-3250-5
定　　价：36.80元

千年大计、国家大事
——以习近平同志为核心的党中央决策河北雄安新区规划建设纪实

2017 年 4 月初的白洋淀，绿柳婆娑，碧波荡漾，放眼水鸟嬉戏，听闻蛙声一片。

襟带崇墉分淀泊，阑干依斗望京华——

河北安新县白洋淀凉亭上的这副楹联，在这个春天里，与位于东北方向 100 多公里的首都北京，有了不同寻常的关联。

2017 年 4 月 1 日，新华通讯社受权发布：中共中央、国务院决定设立河北雄安新区。消息一出，犹如平地春雷，响彻大江南北。

涉及河北省雄县、容城、安新 3 县及周边部分区域的雄安新区，迅速成为海内外高度关注的焦点。

设立雄安新区是以习近平同志为核心的党中央作出的一项重大的历史性战略选择。这是继深圳经济特区和上海浦东新区之后又一具有全国意义的新区，是千年大计、国家大事。

党的十八大以来，以习近平同志为核心的党中央高瞻远瞩、深谋远虑，着眼党和国家发展全局，立足大历史观，深入推进京津冀协同发展战略，以规划建设河北雄安新区为重要突破口，探索人口经济密集地区优化开发的新模式，谋求区域发展的新路子，打造经济社会发展新的增长极。

燕赵大地上，春潮涌动，正奏响开创历史、引领发展的澎湃乐章……

把握时代大趋势的历史性举措——设立雄安新区是以习近平同志为核心的党中央深入推进京津冀协同发展作出的重大选择

"这是党的十八大后中央抓的一个新区建设。雄安新区是党中央批准的首都功能拓展区，同上海浦东、广东深圳那样具有全国意义，这个定位一定要把握好。"——2016年5月27日，习近平总书记主持召开中共中央政治局会议。

华北平原，雪后初霁，万物润泽。

2017年2月23日上午，习近平总书记从中南海出发，驱车100多公里，专程到河北省安新县实地察看规划新区核心区概貌。

在大王镇小王营村，总书记走进一片开阔地，极目远眺。这里就是规划中的雄安新区起步区的核心地块。

在展开的一张规划图前，习近平仔细察看区位、规划状况，详细了解人口搬迁安置、区域内的地质水文条件等情况。

"这地方老百姓生活得怎么样？人口密度有多大？拆迁人口有多少？"习近平总书记向河北省委书记赵克志询问。他叮嘱：设立雄安新区，一定要让老百姓得到更多的实惠，要有实实在在的获得感。

当天中午，习近平在安新县主持召开了一场小型座谈会。他强调指出，规划建设雄安新区是具有重大历史意义的战略选择，是疏解北京非首都功能、推进京津冀协同发展的历史性工程。

大发展需要大战略，大战略需要大手笔。

37年前，位于华南的深圳经济特区，从昔日小渔村起步，发展成繁华都市，引领着珠三角经济增长极崛起，成为中国开启国门走向开放的重要标志。

25年前，位于华东的上海浦东新区，从一片旷野地蝶变成汇聚财富的金融中心，辐射带动长三角跻身世界六大城市群，成为中国改革开放再出发的新象征。

位于华北的京津冀大地，坐落着北京、天津、石家庄等北方重要城市，但多年来地区间发展不平衡：一面是京津两极"肥胖"，人口膨胀、交通拥堵等"大城市病"突出，一面是周边地区过于"瘦弱"，呈现显著差距。

实现京津冀协同发展，正是今天中国作为世界第二大经济体、经济发展步入新常态的大时代背景下爬坡过坎的必然选择，也是在中国北方打造新增长极的迫切需要。

设立雄安新区具有重大现实意义和深远历史意义

集中疏解北京非首都功能

探索人口经济密集地区优化开发新模式

调整优化京津冀城市布局和空间结构

培育创新驱动发展新引擎

新华社记者孟丽静 肖潇 编制

着眼全局，运筹帷幄——

党的十八大以来，从谋划京津冀协同发展战略，到提出选择一个疏解北京非首都功能集中承载地，再到部署雄安新区建设，以习近平同志为核心的党中央以高超的政治智慧、宏阔的战略格局、强烈的使命担当，筹划部署、把脉导向。习近平总书记多次深入京津冀三省市考察调研，多次主持召开会议研究和部署实施，作出一系列重要指示批示，倾注了大量心血。

2013 年 5 月，习近平总书记在天津调研时指出，要谱写新时期社会主义现代化的京津"双城记"。同年 8 月，在北戴河主持研究河北发展问题时，他强调要推动京津冀协同发展。2014 年 2 月，他考察北京市并主持召开座谈会，明确提出京津冀协同发展的重大战略。

在推进实施京津冀协同发展大战略中，疏解北京非首都功能任务是重中之重。而选择一个疏解北京非首都功能集中承载地的构想也逐渐浮出水面。

对首都北京，作为"老北京"的习近平感情至深——

"凸"字型的格局，"九经九纬""左祖右社"的考究……拥有3000 多年建城史和 860 多年建都史的北京，承载着古人的智慧和先进的理念，体现着中华风格、首都气派。

然而，21 世纪的北京，虽前所未有繁华，却面临"大城市病"的种种困扰。

如何在时代的演进中焕发出千年古城的历史底蕴？正在快速迈向民族复兴的中国要建设一个什么样的首都？怎样破解城市规划建设中的难题从而推动协同发展？一系列时代追问，萦绕在习近平总书记的心头。

"建设和管理好首都，是国家治理体系和治理能力现代化的重要内容。""要坚持和强化首都核心功能，调整和弱化不适宜首都的功能，把一些功能转移到河北、天津去，这就是大禹治水的道理。"习近平总书记在考察北京时的讲话高屋建瓴。

宜疏不宜堵，构建大格局。

2014年10月17日，习近平总书记对《京津冀协同发展规划总体思路框架》批示指出："目前京津冀三地发展差距较大，不能搞齐步走、平面推进，也不能继续扩大差距，应从实际出发，选择有条件的区域率先推进，通过试点示范带动其他地区发展。"

经过不断思考，在2014年年底召开的中央经济工作会议上，习近平总书记强调，京津冀协同发展的核心问题是疏解北京非首都功能，降低北京人口密度，促进经济社会发展与人口资源环境相适应。

方向愈加清晰，思路更加明确，在京外设立一座新城的战略构想逐渐成熟。

2015年2月10日，中央财经领导小组第9次会议审议研究京津冀协同发展规划纲要。习近平总书记在讲话中提出"多点一城、老城重组"的思路。"一城"就是要研究思考在北京之外建设新城问题。

2015年4月2日和4月30日，习近平先后主持召开中共中央政治局常委会会议和中央政治局会议研究《京津冀协同发展规划纲要》。他再次强调，要深入研究论证新城问题，可考虑在河北合适的地方进行规划，建设一座以新发展理念引领的现代新城。

2015年6月印发的《京津冀协同发展规划纲要》充分体现了习近平总书记的战略构想，明确提出："深入研究、科学论证，规划建设具有相当规模、与疏解地发展环境相当的集中承载地。"

在相当一段时间里，"集中承载地"成了"新区"的代名词。

这个新区选在哪里？以何种定位出现？

根据习近平总书记的重要指示，京津冀协同发展领导小组多次组织国务院有关部门、河北省、京津冀协同发展专家咨询委员会等有关方面，召开专题会议和小范围会议，综合考虑区位、交通、土地、水资源和能源保障、环境能力、人口及经济社会发展状况等因素，经过多轮对比、反复论证新区选址。

2016年3月24日，习近平主持召开中共中央政治局常委会会议，听取北京市行政副中心和疏解北京非首都功能集中承载地有关情况的汇报并作了重要讲话。

习近平指出：从国际经验看，解决"大城市病"问题基本都用"跳出去"建新城的办法；从我国经验看，改革开放以来，我们通过建设深圳经济特区和上海浦东新区，有力推动了珠三角、长三角的发展。

习近平强调：北京正面临一次历史性抉择，从摊大饼转向在北京中心城区之外，规划建设北京城市副中心和集中承载地，将形成北京新的"两翼"，也是京津冀区域新的增长极。

一次次重要讲话、一场场科学论证、一步步深入推进……从思考到谋划，从批示到规划，从要求到部署，从宏观到微观，习近平总书记对设立新区的战略思考不断深入，构想逐渐变为现实。

2016年5月27日，这是研究设立河北雄安新区的一个大日子——

这天上午，中共中央政治局会议在中南海怀仁堂召开，审议《关于规划建设北京城市副中心和研究设立河北雄安新区的有关情况的汇报》，"雄安新区"首次出现在汇报稿的标题之中。

习近平强调：在现代化建设和城镇化加快推进阶段，北京又面临着一次历史性的空间格局调整。无论是从它的健康发展和解决问题，都要做出选择，最后做了这个选择。

顶层设计，志在千年。

公元1153年，金建都于燕京，拉开了北京城860多年的建都史。

公元2017年，河北雄安新区的规划设立，又将揭开北京城发展的崭新一页。

"这件事确实是千年大计、国家大事。"习近平强调，北京城市副中心和雄安新区的规划建设，要能够经得起千年历史检验，这也是我们这一代中国共产党人留给子孙后代的历史遗产。

把准历史大方位，着眼时代新特征，续写北京千年古都建设、谋划华夏大地发展的新篇章。

"80年代看深圳，90年代看浦东，21世纪看雄安"——今天流行的这句新话并非豪言壮语，它是时代的选择，更是历史的承诺。

"深圳和浦东的今天，就是我们希望看到的雄安的明天。雄安新区发展的机遇和挑战都是前所未有的。"京津冀协同发展专家咨询委员会副组长邬贺铨院士说，千年大计，正是表达着中央推行这个战略的决心和定力。

俯瞰中国地图，深圳、浦东和雄安呈梯度而上，分别占据全国南、中、北三个维度，这将合力推动中国实现全局均衡发展，改变经济发展"南强北弱"的状况。

英国《金融时报》网站文章如此评价：雄安新区这片经济活力带将寻求催生出京津冀地区甚至更大范围内的发展活力。

"水乡花县今新邑，北地江南古渥城。"雄安新区这片具有数千年悠久历史和当代光荣革命传统的大地，将成为大时代背景下中国开拓发展的新支点，必将创造时代发展的新传奇。

回答实践新要求的战略决策——科学论证选址，优化京津冀城市布局和空间结构，形成北京发展的新翼，打造创新驱动的高地

"具体到哪里建，这是一个科学论证的问题。一旦定下来，京津冀三地和有关部门都要统一思想，提高认识，用大历史观看待这件大事。"——2016年3月24日，习近平总书记主持召开中共中央政治局常委会会议。

雄韬伟略，长治久安。

"雄安"——未来之城的名字，取自"雄县、安新县"各一字，朗朗上口、声名远扬，既尊重历史，又寓意吉祥。

"雄"字意味宏伟、阳刚、英雄；"安"字包含稳定、牢固、安康，体现了地域特色，符合中华传统文化，契合国家实现"两个一百年"奋斗目标、实现中华民族伟大复兴的中国梦的内在要求。

大任何以降雄安？

2015年2月10日，习近平总书记主持召开中央财经领导小组第9次会议明确提出，研究考虑在北京之外建新城的思路；此后，在不同场合他多次提出在河北合适地方建设一座新城。由此，选择一个疏解北京非首都功能的集中承载地就成为现实要求。习近平总书记的重要讲话，为雄安新区的最终设立提供了战略指引。

按照习近平总书记的要求，京津冀协同发展领导小组牵头组织研究论证设立集中承载地有关工作。2015年2月，选址工作启动，各有关方面展开了紧锣密鼓的科学论证：

——本着认真、谨慎、科学、民主的原则，新区选址综合考虑区位、

交通、土地、水资源和能源保障、环境能力、人口及经济社会发展状况等因素；

——京津冀协同发展领导小组对集中承载地规划选址进行多地点多方案比选，经过反复调研论证，多个回合讨论研究；

——由16位顶尖级专家组成的京津冀协同发展专家咨询委员会，对多个选址进行实地考察调研，召开10多次会议听取河北省及规划组的汇报；

——河北省组织省内多个部门，持续进行多轮研究，谋划提交多个选址方案；

——初步方案经过京津冀协同发展领导小组讨论，意见反馈给河北省。河北省对方案进行相应调整，专家咨询委员会再次实地考察，并听取河北省及中国城市规划设计研究院等方面意见。方案经修订，再次上报京津冀协同发展领导小组开会讨论；

——2016年2月29日，国务院举行专题会议研究集中承载地的相关问题；

——2016年3月和5月，最终选址方案呈报中共中央政治局常委会会议和中央政治局会议审议。

规划建设新区的选址事关发展全局，是涉及首都的历史性工程，要经得起历史检验。

每一次调研都细致严谨，每一次讨论都充分热烈。"雄县—容城—安新"这一方案在几个方案比选中逐步得到确认，最终脱颖而出。

选择集中承载北京非首都功能的新区，这个地方不能太远，也不能太近。太近容易连成一片，达不到疏解目的；太远则难以接受北京的辐射和带动，不能更好地承接和转移非首都功能。

俯瞰河北省安新县境内的白洋淀 新华社记者 杨世尧 摄

雄安新区地处保定。保定之名取"保卫大都，安定天下"之意，自古就是"京畿重地"要冲之塞。

距离北京约40分钟高铁车程的保定东站广场，矗立着"京畿之门"的高大建筑，提醒熙来攘往的人们这座城市的特殊地位。从保定东站向东北沿高速公路，半个多小时即可到达雄安新区。

新区位于京津保腹地，各方优势明显，土地水利环境地质支撑条件优良，发展空间充裕，正是集中承接北京非首都功能疏解的首选之地：

——区位优势。地处华北平原，一马平川。雄安新区与北京、天津构成一个等边三角形，距离北京、天津、石家庄和保定市分别约105公里、105公里、155公里、30公里。

——交通便捷。雄安新区东至大广高速、京九铁路，南至保沧高速，西至京港澳高速、京广客专，北至荣乌高速、津保铁路等交通干线。基本形成与北京、天津、石家庄、保定的半小时通勤圈。同时具备空港优势，距离北京新机场约55公里，完全可以满足高端高新产业的发展需要。

——生态良好。拥有华北平原最大的淡水湖白洋淀，漕河、南瀑河、萍河、南拒马河等多条河流在区域内交汇。九河下梢，汇集成淀，星罗棋布的苇田，摇船入淀，但见浩渺烟波，苍苍芦苇，悠悠小舟，岸上人家，宛若"华北江南"。

——开发度低。雄安新区范围内人口密度低，建筑少，拆迁量不大。核心区所辖人口尚不到10万人，仅相当于北京的一个社区。可开发建设的土地较充裕且可塑性强，具备一定的城市基础条件。

2016年3月24日，习近平主持召开中共中央政治局常委会会议，审议并原则同意《关于北京市行政副中心和疏解北京非首都功能集中承载地有关情况的汇报》，确定了新区规划选址，同意定名为"雄安新区"。

"具体到哪里建，这是一个科学论证的问题，不能拍脑袋说在雄安。"习近平总书记在这次会议讲话中强调，现在经过反复论证，并和北京市、河北省共同研究形成这个结果，一旦定下来，京津冀三地和有关部门都要统一思想、提高认识，用大历史观看待这件大事。

根据这次常委会会议精神，京津冀协同发展领导小组召开小范围会议对规划方案进行了修改完善。2016年5月27日，习近平主持召开中共中央政治局会议，听取了关于规划建设北京城市副中心和研究设立河北雄安新区有关情况的汇报。

习近平在讲话中指出："建设北京城市副中心和雄安新区两个新城，形成北京新的'两翼'。这是我们城市发展的一种新选择""在新的历史阶段，集中建设这两个新城，形成北京发展新的骨架，是千年大计、国家大事"。

为精益求精，在京津冀协同发展领导小组组织下，京津冀协同发展领导小组办公室和专家咨询委员会对《设立河北雄安新区的实施方案》进行研究完善。

2016年7月31日至8月6日，专家咨询委员会进行一周的封闭研究，请国家发展改革委、河北省、中国城市规划设计研究院等有关方面负责同志和专家学者共同进一步完善新区实施方案。

"可以说，新区选址是经过了各方反复深入论证才定的，最后制定了这个实施方案。"经历选址全过程、三赴雄安实地调研的京津冀协同发展专家咨询委员会组长、中国工程院主席团名誉主席徐匡迪院士说。

习近平总书记到规划中的雄安新区考察时，对这里的区位、人口密度、自然条件等表示满意。他说，这个地方选得好，在这里建新城，不会过多打扰当地人的生活，涉及搬迁量少，能快速起步见到效果。

大好河山，坐标已定。

雄安新区规划建设以特定区域为起步区先行开发，起步区面积约100平方公里，中期发展区面积约200平方公里，远期控制区面积约2000平方公里——这座担当着新时代发展使命的未来之城将跃然而出。

新区之"新"在于"以新破局"，构建起京津冀协同发展的"新格局"，也为中国实现区域协同发展提供可复制可推广的经验。

从国际上看，很多国家探索解决"大城市病"问题，都是用跳出去的办法，迄今看也是有效的、成功的。

在世界一些知名大城市，旁边也有伴城。例如美国纽约之外有新泽西，旧金山附近有圣荷西等；以色列的特拉维夫之外，有创新之城海法；日本东京50公里之外，则有高新产业集聚地的科学城筑波。

大鹏展翅九万里——

从首都区位看，北京城市副中心、雄安新区作为两翼分列北京中心城区的东侧和西南，定位清晰、错位发展，拱卫首都实现新腾跃；

从河北区位看，雄安新区和以2022年北京冬奥会为契机推进建设的张北地区，呈现一南一北，同样是带动燕赵大地腾飞的两翼。

全局上谋势，关键处落子。

雄安新区，这里将高标准高起点起步，立足当前、着眼长远，成为创新驱动发展、改革开放的高地。

习近平总书记强调：雄安新区不同于一般意义上的新区，其定位首先是疏解北京非首都功能集中承载地，重点承接北京疏解出的行政事业单位、总部企业、金融机构、高等院校、科研院所等，不符合条件的坚决不能要。

雄安新区绝非传统工业和房地产主导的集聚区，创新驱动将是雄新区发展基点，进行制度、科技、创业环境的改革创新，吸引高端高新技术企业集聚，建设集技术研发和转移交易、成果孵化转化、产城融合的创新发展示范区。

设立雄安新区的消息在海内外引起强烈反响。

有海外媒体指出，"如果只注意到非首都功能疏解的集中承载地，而忽视这里是新发展理念的创新发展示范区，就看不到雄安新区设计初衷的根本所在。"

雄安新区的定位也引来诸多国内科研单位、央企总部、产业巨头的呼应。中国科学院、中船重工、航天科技集团、国家开发投资公司、中国交建、中石化等纷纷表示坚决拥护党中央决策部署，主动对接雄安新区建设，有的央企已明确表示将拿出"迁企"的实际行动。

在新的历史阶段，雄安新区的设立，按下了推进新一轮改革发展的启动键，推开了一扇崭新的转型发展之门。

落实新发展理念的重大实践——坚持世界眼光、国际标准、中国特色、高点定位，打造世界级城市群的中国样本

"建设雄安新区是一项历史性工程，一定要保持历史耐心，有'功成不必在我'的精神境界。"——2017年2月23日，习近平总书记到河北雄安新区考察并主持召开座谈会。

九河下梢，北地西湖。雄安新区囊括白洋淀整个水域。

2月23日，习近平总书记在实地考察雄安新区建设规划时专程前往白洋淀。这是习近平第一次来到白洋淀。他说："小时候读小兵张嘎的故事，就对这里十分神往。我曾在河北正定工作，但也一直没有机会来。"

走过安新县郊野公园的白洋淀大堤，沿着长长木栈道，习近平步入淀区深处。水面波光粼粼，芦苇荡还没有返青，阳光照射下金灿耀眼。他登上一座木制观景台，环视开阔的白洋淀。

习近平曾在宁德、福州、杭州等南方城市工作，对山清水秀的生态之美感触至深。

总书记在考察中强调，建设雄安新区，一定要把白洋淀修复好、保护好。将来城市距离白洋淀这么近，应该留有保护地带。要有严格的管理办法，绝对不允许往里面排污水，绝对不允许人为破坏。

高起点，新梦想。雄安新区将坚持生态优先，建设一座绿色生态之城——

习近平反复强调："要坚持生态优先、绿色发展，划定开发边界和生态红线，实现两线合一，着力建设绿色、森林、智慧、水城一体的新区。"

天人合一、道法自然……雄安新区将构建蓝绿交织、清新明亮、水城共融、多组团集约紧凑发展的生态城市。

"水会九流，堪拟碧波浮范艇。荷开十里，无劳魂梦到苏堤。"在未来规划建设中，白洋淀的景色只会变得更美、淀水更加清澈，湖面更加开阔。

高标准，新理念。雄安新区将坚持规划先行，筑造一座标杆之城——

谋定后动，规划引领。2014年2月和2017年2月，习近平总书记两次考察北京市。他对城市规划引领经济社会发展的作用格外重视，强调指出："考察一个城市首先看规划，规划科学是最大的效益，规划失误是最大的浪费，规划折腾是最大的忌讳。""城市规划建设做得好不好，最终要用人民群众满意度来衡量。"

在谋划设立雄安新区的数次重要会议上，习近平反复强调"把每一寸土地都规划得清清楚楚再开始建设""精心推进不留历史遗憾"。

在安新县召开座谈会时，总书记郑重告诫：雄安新区将是我们留给子孙后代的历史遗产，必须坚持"世界眼光、国际标准、中国特色、高点定位"理念，努力打造贯彻新发展理念的创新发展示范区。"要坚持用最先进的理念和国际一流水准规划设计建设，经得起历史检验。"

人口密度低、开发程度低、发展空间充裕……一张白纸能够画出最美的图画。

按照习近平总书记要求，目前京津冀协同发展领导小组正会同专家咨询委员会、国家发展改革委等有关部门、河北省委省政府等抓紧组织编制雄安新区总体规划、起步区控制性规划、启动区控制性详细规划及白洋淀生态环境治理和保护规划等。

新区将借鉴国际经验，组织国内国际一流规划人才进行城市设计，细致严谨地做好单体建筑设计，特别是细节设计，建成标杆工程，成为今后城市建设的典范。

"规划上要达到国际一流城市的水平，同时在建筑上要充分体现中华文化的元素，在建设过程当中要精雕细琢，以工匠精神打造百年建筑，留下千年传承。"国家发展改革委主任何立峰说。

高水平，新家园。雄安新区将坚持以人民为中心的思想，成为一座现代宜居之城——

如果说此前，中国的大部分现代化城市建设都是向外借鉴学习，那么在多年积累的基础上，雄安新区将构建一个蓬勃内生、发扬传统、自信开放的现代化城市，从而达到"从跟跑到并跑再到领跑世界"。

雄安新区不会简单复制深圳和浦东，而是要开创国家新区和城市发展的全新模式。

"要坚持以人民为中心，从市民需要出发，做到疏密有度、绿色低碳、

俯瞰河北省安新县县城 新华社记者 杨世尧 摄

返璞归真，提供宜居的环境、优质的公共服务，有效吸引北京人口和功能疏解转移。"新区规划一开始，习近平总书记就如此强调。

人往高处走，水往低处流。按照规划，新区远期将承载200万至250万人口。新区的建设，将紧紧围绕"人"这个核心谋篇布局，充分提高基本公共服务水平，发展社会事业，配套优质教育医疗等资源，提高对疏解北京非首都功能高端人才的吸引力。

水城共融犹如江南水乡，大量管廊地下藏，地底通道汽车穿梭忙，行人休闲走在马路上，街道两边传统特色建筑分外亮堂，河水穿城流淌，森林公园空气清新舒畅，被绿树隔离带包围的白洋淀碧波荡漾……徐匡迪院士这样描述未来雄安新区美丽如画的模样，崭新的生产、生活、生态三大发展空间让人无限向往。

高要求，新机制。雄安新区将坚持体制机制改革，打造一座创新发展之城——

早在一年多前召开的中共中央政治局常委会会议上，习近平总书记就指出，要防止炒作土地等问题出现，要切实采取有效措施。

从2016年6月开始，雄安新区规划区域内，已逐步实行房屋等不动产、规划、土地、项目、户籍的冻结，为筹建新区做准备。

雄安新区将制定全新的住房政策，严禁大规模开发房地产。专家咨询委员会专家表示，国家将在这里探索全新的房地产改革道路，控制房地产价格，保障民众住房需求。

户籍改革、医疗改革、公共服务改革、深化行政管理体制改革、实行大部门制和负面清单管理、探索投融资体制改革、加强对外合作促进贸易便利化、建立与国际接轨的城市管理规则和体系……体制机制改革将是新区发展的制度保障。

在全面深化改革的大棋局中，雄安将争当"改革先锋"，一些改革举措在这里先行先试，在"深水区"中蹚出一条可复制、可推广的新路子。

引领时代发展，打造改革高地，人们也将从这里读懂未来中国。

"白洋淀，风光好，英雄多，到处都有嘎子哥。"从白洋淀码头坐船出发，半个小时水程来到赵庄子村——电影原型"小兵张嘎"的故乡。

忆往昔，这里是见证峥嵘岁月的革命老区；

看今朝，这里是肩负历史使命的发展新区。

"我们这代人做什么梦的都有，就是没有做过这样的梦。"赵庄子村党支部书记赵文祥说，"这几天乡亲们茶余饭后都在讨论新区建设，畅想家乡未来。"

"规划定了就要严格执行，确保'一张蓝图干到底'。"

"要尊重城市开发建设规律，合理把握开发节奏，稳扎稳打，一茬接着一茬干。"

"这件事是不可逆的工作，所以必须发扬工匠精神，精心推进。"

……

在以习近平同志为核心的党中央领导下，从中央到地方，从国家部委到河北省各部门，新区建设工作正在紧张有序地展开，雄安新区筹委会已经成立……

放眼未来，美好前景催人奋进——

3年后的2020年，一个新城的雏形将初步显现。雄安新区骨干交通路网基本建成，起步区基础设施建设和产业布局框架基本形成；

5年后的2022年，在北京冬奥会成功举办时与京津冀主要城市联系进一步紧密，与北京中心城区错位发展，起步区基础设施全部建设完成，新区核心区基本建成；

13 年后的 2030 年，一座绿色低碳、信息智能、宜居宜业的现代化新城显露活力，成为具有较强竞争力和影响力、人与自然和谐共处、闻名遐迩的城市新星。

雄安新区，必将绽放出璀璨夺目的光芒！

目 录 | CONTENTS

第 一 章

千年大计　国家大事

①

重大的历史性战略选择：
中共中央、国务院决定设立河北雄安新区

日前，中共中央、国务院印发通知，决定设立河北雄安新区。这是以习近平同志为核心的党中央作出的一项重大的历史性战略选择，是继深圳经济特区和上海浦东新区之后又一具有全国意义的新区，是千年大计、国家大事。

雄安新区规划范围涉及河北省雄县、容城、安新3县及周边部分区域，地处北京、天津、保定腹地，区位优势明显、交通便捷通畅、生态环境优良、资源环境承载能力较强，现有开发程度较低，发展空间充裕，具备高起点高标准开发建设的基本条件。雄安新区规划建设以特定区域为起步区先行开发，起步区面积约100平方公里，中期发展区面积约200平方公里，远期控制区面积约2000平方公里。

设立雄安新区，是以习近平同志为核心的党中央深入推进京津冀协同发展作出的一项重大决策部署，对于集中疏解北京非首都功能，探索人口经济密集地区优化开发新模式，调整优化京津冀城市布局和空间结构，培育创新驱动发展新引擎，具有重大现实意义和深远历史意义。

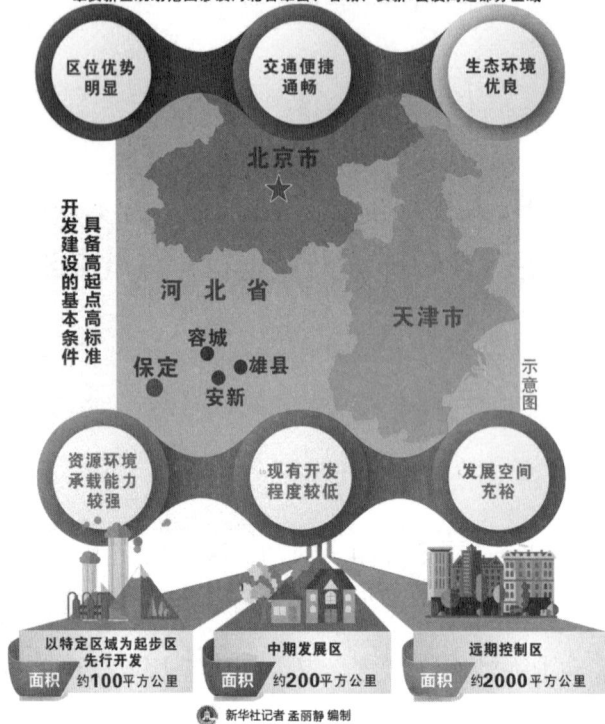

中共中央、国务院决定设立河北雄安新区

雄安新区规划范围涉及河北省雄县、容城、安新3县及周边部分区域

区位优势明显

交通便捷通畅

生态环境优良

具备高起点高标准开发建设的基本条件

北京市

河北省

天津市

容城　雄县

保定　安新

示意图

资源环境承载能力较强

现有开发程度较低

发展空间充裕

以特定区域为起步区先行开发　面积 约100平方公里

中期发展区　面积 约200平方公里

远期控制区　面积 约2000平方公里

新华社记者 孟丽静 编制

党的十八大以来，中共中央总书记、国家主席、中央军委主席习近平多次深入北京、天津、河北考察调研，多次主持召开中央政治局常委会会议、中央政治局会议，研究决定和部署实施京津冀协同发展战略。习近平明确指示，要重点打造北京非首都功能疏解集中承载地，在河北适合地段规划建设一座以新发展理念引领的现代新型城区。今年2月23日，习近平专程到河北省安新县进行实地考察，主持召开河北雄安新区规划建设工作座谈会。习近平强调，规划建设雄安新区，要在党中央领导下，坚持稳中求进工作总基调，牢固树立和贯彻落实新发展理念，适应把握引领经济发展新常态，以推进供给侧结构性改革为主线，坚持世界眼光、国际标准、中国特色、高点定位，坚持生态优先、绿色发展，坚持以人

民为中心、注重保障和改善民生，坚持保护弘扬中华优秀传统文化、延续历史文脉，建设绿色生态宜居新城区、创新驱动发展引领区、协调发展示范区、开放发展先行区，努力打造贯彻落实新发展理念的创新发展示范区。

习近平指出，规划建设雄安新区要突出七个方面的重点任务：一是建设绿色智慧新城，建成国际一流、绿色、现代、智慧城市。二是打造优美生态环境，构建蓝绿交织、清新明亮、水城共融的生态城市。三是发展高端高新产业，积极吸纳和集聚创新要素资源，培育新动能。四是提供优质公共服务，建设优质公共设施，创建城市管理新样板。五是构建快捷高效交通网，打造绿色交通体系。六是推进体制机制改革，发挥市场在资源配置中的决定性作用和更好发挥政府作用，激发市场活力。七是扩大全方位对外开放，打造扩大开放新高地和对外合作新平台。

党中央、国务院通知要求，各地区各部门要认真落实习近平重要指示，按照党中央、国务院决策部署，统一思想、提高认识，切实增强"四个意识"，共同推进雄安新区规划建设发展各项工作。河北省要积极主动作为，加强组织领导，履行主体责任。坚持先谋后动、规划引领，用最先进的理念和国际一流的水准进行城市设计，建设标杆工程，打造城市建设的典范。要保持历史耐心，尊重城市建设规律，合理把握开发节奏。要加强对雄安新区与周边区域的统一规划管控，避免城市规模过度扩张，促进与周边城市融合发展。各有关方面要按照职能分工，密切合作，勇于创新，扎实工作，共同推进雄安新区规划建设，为实现"两个一百年"奋斗目标和中华民族伟大复兴的中国梦作出新的更大贡献。

（新华社北京 2017 年 4 月 1 日）

② 为什么要设立雄安新区？ 新华社记者独家专访张高丽

中共中央政治局常委、国务院副总理、京津冀协同发展领导小组组长张高丽近日就设立雄安新区接受新华社记者独家专访。全文如下：

问：在筹划设立雄安新区过程中，习近平总书记如何进行指导、决策，有哪些关键指示？

答：设立雄安新区，是以习近平同志为核心的党中央深入推进实施京津冀协同发展战略、积极稳妥有序疏解北京非首都功能作出的一项重大决策部署，是继深圳经济特区、上海浦东新区之后又一具有全国意义的新区，是重大的历史性战略工程，是千年大计、国家大事。这项工作是在习近平总书记亲自谋划、亲自决策下推进的，倾注了习近平总书记大量心血，充分体现了习近平总书记强烈的使命担当、深远的战略眼光和高超的政治智慧。

党的十八大以来，习近平总书记多次深入京津冀三省市考察调研，多次主持召开会议研究决定和部署实施京津冀协同发展战略。在雄安新区前期谋划、研究论证、批准设立的每一个阶段，习近平总书记都主持召开重要会议研究部署，作出重要指示批示，亲自交代每一项任务。

2014年2月26日，习近平总书记在北京考察工作时提出了京津冀协同发展重大战略。习近平总书记指出，北京是我国的首都，北京城市建设管理在不断取得成绩的同时，也面临很多令人揪心的问题，主要表现在集聚了过多的人口和功能，经济社会各要素处于"紧平衡状态"。要坚持和强化首都核心功能，调整和弱化不适宜首都的功能，把一些功能转移到河北、天津去，这就是大禹治水的道理。在当年底召开的中央经济工作会议上，习近平总书记强调，京津冀协同发展的核心问题是疏解北京非首都功能，降低北京人口密度，促进经济社会发展与人口资源环境相适应。

2015年2月10日，习近平总书记主持召开中央财经领导小组会议审议《京津冀协同发展规划纲要》。总书记明确提出，推动京津冀协同发展思路要明确，重点把握好"多点一城、老城重组"的思路，一城就是要研究思考在北京之外建新城问题。4月2日和30日，习近平总书记先后主持召开中共中央政治局常委会会议和中央政治局会议研究审议《京津冀协同发展规划纲要》，再次强调，要深入研究论证新城问题，可考虑在河北合适的地方进行规划，建设一座以新发展理念引领的现代化新城。此后，习近平总书记又多次作出重要指示批示，要求京津冀协同发展领导小组牵头组织研究论证设立集中承载地有关工作。2016年2月29日，李克强总理主持召开国务院专题会议，研究规划建设北京城市副中心和集中承载地的问题，提出了具体要求。

2016年3月24日和5月27日，习近平总书记先后主持召开中共中央政治局常委会会议和中央政治局会议，听取北京城市副中心和设立集中承载地有关情况汇报并发表重要讲话。习近平总书记强调，从国际经验看，解决"大城市病"问题基本都用"跳出去"建新城的办法；从我国经验看，改革开放以来，我们通过建设深圳经济特区和上海浦东新区，有力推动了珠三角、长三角的发展。目前，北京正面临一次历史性抉择，从摊大饼转向在北京中心城区之外，规划建设北京城市副中心和集中承载地，将形成北京新的"两翼"，也是京津冀区域新的增长极，同时也与以2022年北京冬奥会为契机推进张北地区建设，形成河北的"两翼"，这是历史性的战略选择，要坚持用大历史观看待这件事情。

2017年2月23日，习近平总书记实地考察河北省安新县和白洋淀生态保护区，了解有关情况，亲自主持会议听取汇报，并就雄安新区规划建设工作发表重要讲话，强调指出，雄安新区定位首先是疏解北京非首都功能集中承载地，重点是承接北京非首都功能疏解和人口转移。要用最先进的理念和国际一流的水准设计建设，坚持"世界眼光、国际标准、中国特色、高点定位"的理念，努力将雄安新区打造成为贯彻新发展理念的创新发展示范区。要坚持先谋后动、规划引领，借鉴国际经验，高标准编制新区总体规划等相关规划，组织国内一流规划人才进行城市设计，规划好再开工建设，决不留历史遗憾。要保持历史耐心，有"功成不必在我"的精神境界，尊重城市开发建设规律，合理把握开发节奏，稳扎稳打，一茬接着一茬干，为经济社会发展作出贡献，造福子孙后代。

问：在疏解北京非首都功能方面，怎么理解雄安新区的定位和功能？

答：党中央、国务院决定设立雄安新区，最重要的定位、最主要的目的就是打造北京非首都功能疏解集中承载地。具体定位包括：

——绿色生态宜居新城区。习近平总书记强调指出，雄安新区建设要充分体现生态文明建设的要求，成为生态标杆，坚持生态优先、绿色发展，不能建成高楼林立的城市，要疏密有度、绿色低碳、返璞归真，自然生态要更好。要坚持绿水青山就是金山银山，合理确定新区建设规模，完善生态功能，突出"科技、生态、宜居、智能"发展方向，创造优良人居环境，构建蓝绿交织、清新明亮、水城共融、多组团集约紧凑发展的生态城市，实现生态空间山清水秀、生活空间宜居适度、生产空间集约高效，促进人与自然和谐共处，建设天蓝地绿、山清水秀美丽家园。

——创新驱动引领区。习近平总书记强调指出，雄安新区千万不能搞成工业集聚区，更不是传统工业和房地产主导的集聚区，要在创新上下功夫，成为改革先行区。要坚持实施创新驱动发展战略，把创新驱动作为雄安新区发展的基点，加快制度创新、科技创新，完善创新创业环境，积极吸纳和集聚京津及全国创新要素资源，通过集聚科研院所和发展高端高新产业，打造一批高水平的创新创业载体，吸引高新技术企业集聚，建设集技术研发和转移交易、成果孵化转化、产城融合的创新引领区和综合改革试验区，打造京津冀体制机制高地和协同创新重要平台。

——协调发展示范区。习近平总书记强调指出，雄安新区要发挥对冀中南乃至整个河北的辐射带动作用，促进城乡区域、经济社会、资源环境协调发展。要通过集中承接北京非首都功能疏解，为有效缓解北京"大城市病"和天津、石家庄市区"瘦身"问题创造空间，促进河北城乡区域和经济社会协调发展，提升区域公共服务整体水平，打造要素有序自由流动、主体功能约束有效、基本公共服务均等、资源环境可承载的区域协调发展示范区，为京津冀建设世界级城市群提供支撑。

——开放发展先行区。习近平总书记强调指出，必须适应经济发展新常态，主动顺应经济全球化潮流，坚持对外开放，在更大范围、更宽

俯瞰河北省容城县城　新华社记者　杨世尧　摄

领域、更深层次上提高开放型经济水平。雄安新区规划建设要积极融入"一带一路"建设，加快政府职能转变，积极探索管理模式创新，形成与国际投资贸易通行规则相衔接的制度创新体系，培育区域开放合作竞争新优势，打造扩大开放新高地和对外合作新平台，为提升京津冀开放型经济水平作出更大贡献。

问：设立雄安新区对全国改革发展大局有怎样的重大意义？

答：设立雄安新区，对于有力有序有效疏解北京非首都功能，推动京津冀协同发展，打造贯彻落实新发展理念的创新发展示范区，具有重大现实意义和深远历史意义。

——有利于探索解决"大城市病"新模式。规划建设雄安新区，打造具有相当规模、发展环境更优的集中承载地，一方面，将吸引部分功能在集中承载地集聚发展，有效缓解北京"大城市病"问题，促使北京实现"瘦身健体"；另一方面，推动北京非首都功能集中疏解，可以避免零打碎敲、盲目布局，提升疏解效率。

——有利于培育全国创新驱动发展新引擎。规划建设雄安新区，是适应经济发展新常态，探索经济发展新模式的重要举措。通过推动创新驱动发展，可以集聚京津冀乃至全国以及国际创新要素和资源，能够打造具有世界影响力、国内领先的科技新城，培育经济发展新亮点。通过推进简政放权、管放结合、优化服务，深化行政体制改革，构建促进创新的体制机制，为全国其他地区作出表率和示范。

——有利于调整优化京津冀城市布局和空间结构。规划建设雄安新区，主要承接北京非首都功能及与之相配套的部分优质公共服务功能，将进一步强化要素资源的空间集聚，打造区域发展新的增长极，优化整合现有城镇体系，拓展区域发展新空间。

——有利于促进区域协调协同共同发展。河北省与北京市、天津市发展差距悬殊，公共服务水平落差大，是京津冀协同发展亟待破解的难题，也是全国区域发展不平衡、不协调的典型缩影。规划建设雄安新区，通过集中承接北京非首都功能，提升产业层次、创新能力和公共服务水平，加快提升河北经济发展的规模水平和质量效益，缩小与京津两市的经济社会发展差距，实现区域良性互动，在促进三省市协同发展、协调发展、共同发展上探索新路子。

问：京津冀协同发展领导小组是如何推进部署这一新区设立的，下一步如何建设实施？

答：2015年以来，在党中央坚强领导下，京津冀协同发展领导小组认真贯彻落实习近平总书记关于设立雄安新区的重要讲话和指示批示精神，结合组织编制实施《京津冀协同发展规划纲要》，组织国务院有关部门、河北省、专家咨询委员会等有关方面，综合考虑区位、交通、土地、水资源和能源保障、环境能力、人口及经济社会发展状况等因素，对集中承载地规划选址进行多地点多方案比选，经过反复论证并取得一致，最后选择了雄安新区现址，并将修复保护白洋淀生态区纳入其中。在此基础上，领导小组研究提出设立雄安新区的实施方案，报经党中央、国务院审议通过。

雄安新区的设立是一个认真、谨慎、科学、民主的系统决策过程。遵照习近平总书记多次重要指示批示精神，领导小组先后十几次组织召开会议，就雄安新区设立的重大问题进行专题研究，协调指导河北省同步编制相关规划，及时启动新区及周边区域管控。雄安新区从规划选址到批准设立，全面贯彻了习近平总书记重要战略思想，全面落实了党中央、国务院决策部署，充分听取了有关方面意见建议，凝聚了各方共识。

下一步，领导小组要认真落实习近平总书记重要讲话和指示批示精神，按照党中央、国务院决策部署，进一步统一思想、提高认识，切实增强"四个意识"，以新发展理念为指导，对人民高度负责，围绕中央确定的七个方面重点任务，加强组织协调和统筹指导，精心策划，科学有序，以钉钉子精神，一步一个脚印，推动雄安新区规划建设平稳有序向前推进。

——用最先进的理念和国际一流的水准规划设计建设。在规划建设中，要把握空间均衡，统筹生产、生活、生态三大布局，使生产、生活、教育、医疗等有机衔接，建设便利快捷的城市交通，逐步实现工作生活一体。注重文化传承，体现中华传统经典建筑元素，同时结合区域文化、历史传承、时代要求，打造城市特色风貌。始终坚持生态优先、绿色发展，严格划定开发边界和生态红线，实现两线合一，着力建设绿色、森林、智慧、水城于一体的新区。

——高标准高质量组织编制规划。按照中央要求，抓紧组织编制雄安新区总体规划、起步区控制性规划、启动区控制性详细规划及白洋淀生态环境治理和保护规划等相关规划。完善新区经济社会发展、交通体系、新型城镇化、土地利用等专项规划体系，在新区开展"多规合一"。规划定了要严格执行，确保"一张蓝图干到底"。新区规划还要加强与周边地区相关规划的衔接，促进合理分工、科学布局。

——有计划分步骤推进新区开发建设。加强统筹推进力度，有序推进起步区土地预征、启动区征迁、重点片区安置房建设、交通生态工程等重大项目建设，启动一批重点功能疏解项目，力争基础设施建设和功能承接同步推进、早见成效。要划定管控边界和开发红线，实现土地集约节约利用，避免城市规模过度扩张，坚决防止形成新的"摊大饼"。严格把控入区产业，制定负面清单，特别是严禁大规模开发房地产，严禁违规建设，避免借机炒作、抬高建设成本。严控周边规划，严控周边人口，严控周边房价，严防炒地炒房投机行为。要切实修复和保护好白洋淀生态屏障。要做好搬迁群众思想工作，切实维护群众利益，为新区建设营造良好的发展环境。

——加快机制体制改革创新。指导河北省深化行政体制改革，科学设置管理机构，整合行政资源，建立精简、高效、统一的新区管理机构，赋予新区充分管理权限，提高服务效率。运用市场化办法筹措建设资金，探索多元化融资渠道。在土地、财政、金融、投资等方面，强化政策创新和储备。发挥市场在资源配置中的决定性作用和更好发挥政府作用，一些改革事项可以在新区先行先试，取得成效后再逐步推广。

——统筹区域协调发展。规划建设雄安新区，在起步之初就要加强与北京、天津等城市的紧密联系和融合发展，特别是要同北京中心城区、城市副中心在功能上有所分工，实现错位发展。要充分发挥雄安新区对冀中南乃至整个河北的辐射带动作用，促进城乡、区域、经济社会、资源环境协调发展，促进京津冀区域乃至环渤海区域的协同协调共同发展。

（新华社北京 2017 年 4 月 14 日）

③

聚力建千秋之城，凝智办国家大事
——新华社记者就雄安新区热点问题专访河北省委书记赵克志

日前，中共中央、国务院印发通知，决定设立河北雄安新区。这是以习近平同志为核心的党中央作出的一项重大历史性战略选择。雄安新区的设立对河北乃至全国改革发展意味着什么？新区如何启动实施建设？当前要把握哪些重点工作？新华社记者 2017 年 5 月 5 日专访了河北省委书记赵克志。

建千秋之城，办国家大事

新华社记者： 雄安新区是在什么样的时代背景下设立的？

赵克志： 雄安新区的设立，是以习近平同志为核心的党中央作出的一项重大历史性战略选择，大的背景就是实施京津冀协同发展。习近平总书记高瞻远瞩、把握大势，亲自谋划和推动京津冀协同发展，使之上升为重大国家战略，这对全局和长远发展产生重大而深远的影响，也给河北带来了千载难逢的历史机遇。

借此机会，我也代表河北省委、省政府和全省人民，感谢全国媒体的宣传报道，感谢专家学者的阐释解读，感谢全国各方面的关心支持。

新华社记者：疏解北京非首都功能集中承载地为什么选择雄安这个地方？这对河北今后发展、京津冀协同发展将带来什么影响？

赵克志：雄安新区地处京津保腹地，与北京、天津距离适中，区位优势明显，交通便捷通畅，生态环境优良，资源环境承载能力较强，现有开发程度较低，发展空间充裕，具备高起点高标准开发建设的基本条件，是集中承接北京非首都功能疏解的首选之地。党中央决定在这里规划建设新区，是深思熟虑、完全正确的。

规划建设雄安新区，是重大国家战略在河北的实施，给我们带来了使命、责任和担当。我们切实增强政治意识、大局意识、核心意识、看齐意识，坚决维护以习近平同志为核心的党中央权威和集中统一领导，坚决拥护党中央的英明决定，坚决贯彻党中央的决策部署，聚各方之力建千秋之城，凝各方智慧办国家大事，努力在推进历史性工程的"大考"中交出优异答卷。

新区给北京添一翼，也给河北添一翼

新华社记者：在新的时代背景下，如何理解设立雄安新区的现实针对性和重大意义？

赵克志：规划建设雄安新区，有利于集中疏解北京非首都功能，与北京城市副中心共同形成北京新的两翼；有利于加快补齐区域发展短板，提升河北经济社会发展质量和水平，培育形成新的区域增长极；有利于调整优化京津冀城市布局和空间结构，对于探索人口经济密集地区优化开发新模式，打造全国创新驱动发展新引擎，加快构建京津冀世界级城市群，具有重大现实意义和深远历史意义。

对河北来说，规划建设雄安新区，也形成了河北的两翼，一翼是以2022年北京冬奥会为契机，推进张北地区建设，另一翼是雄安新区，带动冀中南乃至整个河北的发展，这将有力地提升河北的产业层次、创新能力、公共服务水平，推动河北省走出一条加快转型、绿色发展、跨越提升的新路。

新区是创新的高地，不是炒房淘金的地方

新华社记者：在疏解北京非首都功能方面，怎么理解雄安新区的定位和职能？

赵克志：理解雄安新区的定位和职能，需要放在京津冀协同发展重大国家战略的大局中来把握。我理解，雄安新区不同于一般意义上的新区，其定位首先是疏解北京非首都功能集中承载地，有效吸引北京人口和非首都功能疏解转移。

其次是贯彻落实新发展理念的创新发展示范区，坚持"世界眼光、国际标准、中国特色、高点定位"，建设绿色低碳、信息智能、宜居宜业，具有较强竞争力和影响力，人与自然和谐共处的现代化城市。

再次是体制机制创新的高地和高端高新产业集聚地，不是大搞房地产开发，更不是炒房淘金的地方。

新华社记者：推动雄安新区建设要注意哪些问题？

赵克志：推动雄安新区规划建设，最根本的是深入学习贯彻习近平总书记重要讲话精神，坚决落实党中央的决策部署。新区设立前，在党中央的坚强领导下，在京津冀协同发展领导小组和专家咨询委员会的指

导帮助下，在国家有关部委和京津的大力支持下，我们认真做好规划研究、区域管控、前期准备等工作。新区消息在 4 月 1 日宣布以来，我们召开一系列会议，传达学习习近平总书记重要讲话和中央文件精神，对新区规划建设作出动员部署。总的看，启动工作平稳、扎实、有序，各方面反映正面、积极、向上。

做好房地产管控、组建新区管理机构等五项重点工作

新华社记者： 对建设雄安新区，河北已经做了哪些工作，如何启动实施？

赵克志： 规划建设雄安新区，河北要积极主动作为，加强组织领导，履行主体责任。特别是把管控作为重要保障，要防患于未然，不能掉以轻心，更不能走弯路，确保新区规划建设科学有序有效推进。

推进新区规划建设，既要全力以赴、苦干实干，又要解放思想、改革创新。下一步，我们打算抓好五个方面工作：

一是深入组织传达学习，进一步把思想和行动统一到党中央决策部署上来。4 月 8 日左右，省委理论学习中心组举行学习会，集中学习领会习近平总书记重要讲话和中央文件精神。4 月 20 日左右，筹备召开省委全会，制定贯彻落实推进河北雄安新区规划建设的实施意见，对贯彻党中央、国务院决定作出阶段性安排。

二是加强规划、土地和房地产管控，继续实施新区"五项"冻结，严禁大规模开发房地产，严肃查处房地产黑中介、炒房团、投机开发商活动，整顿房地产市场和中介机构，切实管住新区及周边地区房价地价。这既是维护新区建设大局的需要，也是维护群众根本利益的需要。

三是搞好舆论引导，坚持正确导向，及时正面发声、解疑释惑、回

俯瞰河北省雄县县城 新华社记者 王晓 摄

应关切，深入细致做好政策宣传和群众思想工作，避免误读误解，防止过度炒作。

四是深化规划编制，坚持先谋后动、规划引领，用先进的理念和国际一流的水准规划设计建设，坚持高标准高质量组织规划编制，把每一寸土地规划得清清楚楚后再开工建设。

五是建立完善工作机构，以改革创新的精神，积极探索与现行体制协调、联动、高效的新区管理方式，组建精简、高效、统一的新区管理机构，并有序实施新区管理托管移交。

④

推动雄安新区规划建设开好局起好步

　　中共中央政治局常委、国务院副总理张高丽 2017 年 5 月 6 日在河北实地察看和调研雄安新区规划建设有关工作。张高丽前往容城县了解雄安新区铁路、公路、水路等交通情况；到雄县公共资源交易中心和部分住宅小区售楼部，调研土地、房地产、户籍管控工作；到宋辽古战道，调研文化遗产、文物等保护工作；然后到白洋淀察看生态环境整治工作。6 日下午，张高丽在安新县主持召开雄安新区规划建设工作会议，听取河北省有关工作情况汇报，研究部署当前和今后一个时期重点工作。

　　张高丽表示，设立雄安新区，是以习近平同志为核心的党中央深入推进实施京津冀协同发展战略、积极稳妥有序疏解北京非首都功能作出的一项重大决策部署，是千年大计、国家大事。习近平总书记亲自谋划、亲力亲为，强调要先谋后动、稳扎稳打，用最先进的理念和国际一流的水准设计建设，努力将雄安新区打造成为贯彻新发展理念的创新发展示范区。李克强总理也对雄安新区有关工作作出指示。我们一定要把思想认识行动统一到党中央重大决策部署上来，扎扎实实做好新区规划建设工作。

张高丽充分肯定河北和有关方面做的工作，同时强调要保持清醒头脑、坚持问题导向，精心细心用心、有力有序有效做好管控工作，坚决管住土地、管住房地产、管住周边区域，保护历史文化遗产，保护环境生态，保持社会大局稳定，为雄安新区规划建设开好局、起好步创造有利条件。要先谋后动、规划引领，坚持"世界眼光、国际标准、中国特色、高点定位"，高标准高质量组织编制完善新区总体规划、起步区控制性规划、启动区控制性详细规划、白洋淀生态环境保护和治理规划及各专项规划，推动"多规合一"。要突出生态优先、绿色发展，加强白洋淀生态环境治理和保护，提高产业准入门槛，建设绿色、森林、智慧、水城一体的新区，着力打造生态城市标杆。要用新发展理念引领新区发展，发展高端高新产业和服务业，加快体制机制创新，提高公共服务水平，促进人口资源环境协调发展，努力打造创新驱动引领区和协调发展示范区。

张高丽表示，做好雄安新区规划建设工作意义重大、影响深远，各有关地方和部门要切实增强"四个意识"，发扬钉钉子精神，强化历史担当，加强协调配合，共同把新区规划建设工作落到实处。要更加紧密地团结在以习近平同志为核心的党中央周围，凝心聚力、稳扎稳打，确保雄安新区规划建设开好局、起好步，以优异成绩迎接党的十九大胜利召开。

王勇、徐匡迪和京津冀三省市、京津冀协同发展领导小组办公室、专家咨询委员会以及有关部门负责同志参加了会议。

⑤

系好雄安新区规划建设第一颗扣子

设立河北雄安新区是千年大计、国家大事，充分体现了以习近平同志为核心的党中央强烈的使命担当、深远的战略眼光和高超的政治智慧。这一重大国家战略的实施，既为河北人民带来了千载难逢的宝贵发展机遇，也使我们面临前所未有的历史大考。我们坚决贯彻落实党中央、国务院的重大战略部署，切实肩负起主体责任，稳扎稳打，善作善成，系好雄安新区规划建设第一颗扣子，不辜负党和人民的重托。

从大历史观的高度深刻领会党中央的战略意图

党中央决定设立雄安新区，是深入推进京津冀协同发展的又一重大战略部署，既与北京城市副中心形成北京新的两翼，又与筹办冬奥会、推进张北地区建设形成河北的两翼，对于探索人口经济密集地区优化开发新模式、调整优化京津冀城市布局和空间结构、培育全国创新驱动发展新引擎，均具有重大现实意义和深远历史意义。这一重大历史性工程，跨越全面建成小康社会的时间节点，伴随实现"两个一百年"奋斗目标的伟大进程，必将成为展现马克思主义中国化最新成果的生动实践，成为贯彻落实新发展理念的时代典范，成为中华民族伟大复兴中国梦壮美画卷的"点睛之笔"。

规划建设雄安新区，最根本的是要以习近平同志系列重要讲话精神和治国理政新理念新思想新战略武装头脑、指导实践、推动工作。我们认真传达学习、集中开展研讨，加强干部培训、广泛进行宣讲，把习近平同志系列重要讲话和中央有关精神的学习不断引向深入，使各级领导干部统一了思想、提高了认识。通过学习我们认识到：应准确把握"千年大计"的高点定位，保持历史耐心，强化战略定力，不操之过急，不急于求成，以"功成不必在我"的胸襟稳步推进，使"千秋之城"经得起千年检验；充分认识"国家大事"的深刻内涵，切实增强政治意识、大局意识、核心意识、看齐意识，跳出河北看雄安，自觉服务党和国家全局，在办好国家大事中作出河北应有的贡献；深刻理解"全国意义"的战略地位，积极探索可复制可推广的经验，努力打造贯彻落实新发展理念的创新发展示范区，在建设创新型国家和实现社会主义现代化中当好先行者；始终牢记"主体责任"的千钧分量，积极主动作为，加强组织领导，强化使命担当，全力以赴做好各项工作，努力在历史大考中交出优异答卷。

将严格依法管控和做好群众工作贯穿始终

在雄安新区研究谋划阶段，只有稳得住、控得好，才能开好局、起好步。我们坚决贯彻"要防患于未然，不要掉以轻心，更不能走弯路"的重要指示，精心、细心、用心做好工作，以严格依法管控保障和实现稳中求进。坚决落实"房子是用来住的，不是用来炒的"定位，把严格土地和房地产管控作为当务之急，明确新区是创新发展的高地、不是炒房淘金的地方。研究建立土地收储制度，强化政府统一管理，依法依规、分类处置土地开发遗留问题，铁腕治理违章占地用地，不搞土地批租，不搞土地财政，严禁大规模搞房地产开发。采取最严格的措施，同步加强对新区以及新区周边、京冀交界地区的全面管控，防范和打击炒地炒房炒房租投机等行为，严防不法商人借新区炒作牟利，切实管住地价房价和房租，防止无序开发。研究制定与新区功能定位相适应的人口和住房政策，探索全新的房地产改革路子，满足民众住房需求，打造政策高地、成本洼地。

人民群众的支持和参与，是建设雄安新区的根本保障。我们要落实以人民为中心的发展思想，坚持靠人民创造历史、靠人民建设新区，切实做好群众工作，让人民群众有实实在在的获得感。实行驻村工作队全覆盖，组织各级干部进村入户、走访企业，宣讲政策、了解诉求，合理引导群众心理预期，使之正确处理自身利益与新区建设的关系、当前利益与长远利益的关系，激发群众参与新区建设的热情。把管控与服务结合起来，制定统一规范的政策，解决好群众和企业搬迁腾退中的现实困难，解决好管控涉及的就业、户籍、建设等实际问题。围绕安居乐业有保障，规划建设好安置区，提升群众居住质量，出台就业扶持政策，加强教育、社保、医疗、养老等工作，让人民群众共享改革发展成果。

用先进理念和国际一流水准规划设计建设

实施千年大计、办好国家大事，必须做到高起点、高标准、高水平。我们抓住规划工作这个"牛鼻子"，坚持先谋后动、规划引领，坚持世界眼光、国际标准、中国特色、高点定位，以创造历史、追求艺术的精神，精心组织规划编制，确保把每一寸土地都规划得清清楚楚再开始建设，确保一张蓝图绘到底。

雄安新区不同于一般意义上的新区，其定位首先是疏解北京非首都功能集中承载地，目标是建设绿色生态宜居新城区、创新驱动引领区、协调发展示范区、开放发展先行区，打造贯彻落实新发展理念的创新发展示范区。按照这一功能定位，我们坚持地上、地下一起规划，建设先地下、后地上，地上先做基础设施和生态环境，提高公共服务水平。坚持开放搞规划，组织国内外一流专家和团队参与规划制定，全面开展专项规划编制和专项课题研究，推动形成"1+N"规划体系，实现多规合一。坚持生态优先，统筹生产、生活、生态空间，划定开发边界和生态红线，避免城市规模过度扩张，坚决防止形成新的"摊大饼"。实施白洋淀生态修复工程，加快恢复"华北之肾"功能，大规模植树造林，提高新区森林覆盖率和绿地率；重视文化遗产特别是红色遗产保护，处理好文物保护和新区建设的关系，将文物保护利用规划纳入新区总体规划；结合区域文化、历史文脉、时代要求，严谨细致搞好城市设计、单体建筑设计，不搞高楼大厦、水泥森林、玻璃幕墙，体现中华传统经典建筑元素，以工匠精神打造城市特色风貌。

依靠改革创新走出一条新路

雄安新区之新，关键在改革，要义是创新。推进新区规划建设，最大的动力在改革创新，最大的潜力在改革创新，最大的挑战也在改革创新。我们要进一步解放思想，着力在发展理念、工作思路、方式方法上有全新转变，以深化改革破题开路，以创新驱动引领发展，以优质公共服务聚集要素，努力在一张白纸上绘出最美的图画。

着眼于探索新区建设发展新模式，全面深化改革，科学设置精简、统一、高效的管理机构，发挥市场在资源配置中的决定性作用和更好发挥政府作用，高标准构建新区政策体系，在土地、住房、财税、投融资、环境保护、公共服务、社会管理等方面实施综合改革、集成创新。着眼于打造全国创新驱动发展新引擎，推进科技体制改革，制定特殊人才政策，聚集国内外高层次创新要素，建设集技术研发和转移交易、成果孵化转化、产城融合为一体的创新引领区和综合改革试验区，发展新经济、培育新动能。着眼于打造对外开放合作新平台，积极融入"一带一路"建设，主动服务北京国际交往中心功能，形成与国际投资贸易通行规则相衔接的制度创新体系，构建国际要素聚集区。着眼于推进基本公共服务均等化，按照新区功能定位和人口需求，制定公共服务政策体系，与北京市开展全方位深度合作，引入优质教育、医疗卫生、文化娱乐、体育健身等资源，建设优质公共设施。鼓励环京津周边市县在公共服务改革方面率先突破，尽快缩小与京津的梯度差，补齐社会事业发展短板。借力京津对口帮扶，用绣花功夫打赢脱贫攻坚战。

坚持融合发展、错位发展、协调发展

统筹区域协调发展，是雄安新区规划建设的重要任务。只有跳出"一亩三分地"的思维定式，着眼京津冀协同发展的大局，才能在对接京津、服务京津中加快发展自己，在有效疏解北京非首都功能的进程中良性互动，实现目标同向、措施一体、优势互补、互利共赢。雄安新区起步之初，就要注重加强同北京、天津等城市的融合发展，同北京中心城区、城市副中心的错位发展，发挥对冀中南乃至整个河北的辐射带动作用，促进城乡、区域、经济社会、资源环境协调发展。

推动雄安新区与周边区域协调发展，加强规划衔接，科学合理分工，

优化空间布局。新区集中承接北京非首都功能疏解，符合条件的高水平功能和高端高新产业放在新区，与之配套的功能和产业可放在周边地区和其他地区，增强整体服务功能和产业配套能力。推动雄安新区与张北地区协调发展，按照打造河北发展两翼的要求，统筹基础设施建设，统筹产业发展布局，统筹公共服务功能，因地制宜搞好高水平开发建设，把新区打造为带动河北发展的新引擎，把张北地区打造为冀北发展新高地。推动雄安新区与全省其他地区协调发展，注重搞好深度对接，谋划实施一批交通路网互联、生态环境共治、产业协作配套、公共服务共享项目，加快全省经济板块重组和经济结构优化，促进经济社会发展向高层次迈进。推动雄安新区与京津协调发展，全力做好北京非首都功能承接工作，把推动北京城市副中心建设作为分内之事，学习借鉴先进经验，坚决服从服务大局，加强廊坊北三县等市县与北京相关区域的统一规划、统一政策、统一管控，确保党中央战略部署顺利实施。

规划建设雄安新区，是一项关系国家长远发展、惠及子孙后代的宏伟事业。我们要更加紧密地团结在以习近平同志为核心的党中央周围，以自我加压、负重奋进的责任感，以创造历史、开辟未来的使命感，稳扎稳打，不骄不躁，一年接着一年干，一茬接着一茬干，把雄安新区打造为疏解北京非首都功能集中承载地、贯彻落实新发展理念的创新发展示范区。（原载于《人民日报》2017年5月9日第07版，作者为中共河北省委书记赵克志）

6

雄安新区规划建设筹备工作热点三问

4月1日当晚，设立河北雄安新区消息发布后，雄安新区临时党委和筹备工作委员会几十名工作人员就连夜进驻新区展开工作。

一个多月来，临时党委和筹备工作委员会如何开展工作？对外界关注的拆迁、房价、吸引人才等问题是如何考虑的？就新区热点问题，河北省常务副省长、雄安新区临时党委书记袁桐利近日接受了新华社记者的专访。

管控工作总体平稳　规划取得阶段性进展

新华社记者： 4月1日以来，雄安新区如何贯彻落实党中央决策部署？各项工作开局如何？

袁桐利： 设立雄安新区，是以习近平同志为核心的党中央作出的一项重大的历史性战略选择。我们以习近平总书记重要讲话和指示批示精神引航定向，多次召开新区临时党委会议、筹委会全体干部会议认真传达学习，推动工作开展。通过召开新区四级领导干部大会、新区驻村工作组学习培训会议，准确把握"国家大事"的深刻内涵、"千年大计"的高点定位、"全国意义"的战略地位、"主体责任"的千钧分量。

一个多月来，我们全力以赴抓好落实，各项工作有力有序有效推进：

——管控工作总体平稳。4月1日后实施了更为严格的全面公开管控，按照"全部受理、逐一甄别、公开公示、合规即办"要求办理落户，暂停和冻结了所有在建项目、严禁新开工项目，严厉打击炒车炒牌行为，新区没有出现未建先乱、抢栽抢种等现象。

——房地产市场秩序稳定。对所有房地产项目全部冻结。开展了违法占地和违法违规建设、房地产市场专项整治，查处违法违规行为2138起、拆除违建194处，关停了全部176个售楼处和中介机构，规范二手房租赁市场秩序，严防炒房炒地等行为。

——规划编制有序深入推进。按照中央和省委、省政府要求，委托一流规划编制机构，加快编制新区总体规划、起步区控制性规划、启动区控制性详细规划、白洋淀生态环境治理和保护规划，目前已取得阶段性进展。聘请顶级专家组成规划评议专家组，对规划进行咨询、评估和论证，确保编制出高水平的规划、不留历史遗憾。

——组织领导坚强有力。省里成立了新区规划建设工作领导小组，组建了新区临时党委、筹委会。从4月1日起，新区临时党委、筹委会即接管了三县的干部、人事、党务和社会稳定工作，开始行使规划、建设、国土、项目等管理事权。群众工作扎实开展。三县557个村全部派驻了工作组，摸清底数、宣传政策、了解诉求，引导群众支持新区建设。目前，新区规划建设各项工作扎实开展、总体平稳。

建立完善工作机制　稳扎稳打抓好落实

新华社记者：外界十分关注新区临时党委、筹委会工作，内部机构如何构成？如何分工合作开展工作？

袁桐利：根据工作需要，我们成立了党政办公室、党群工作组、协同发展组、规划建设组、城乡统筹组、政务服务组、平台建设组等7个专项工作组，分别负责新区规划建设的相关工作。按照中央要求，围绕省委、省政府部署的重点任务，临时党委、筹委会严格责任落实，对有关工作进行了分解，确保事事有人抓、有人管。明确时间节点，对新区规划建设的各项重点工作，区分轻重缓急，确定了4月底、上半年、10月底、年底前以及需要长期抓好的工作，确保规范有序开展。实行新区临时党委委员和各专项工作组组长每日例会制度，谋划工作、解决问题。建立与省直部门、保定市和三县的工作机制，共同推动工作开展。

新华社记者：河北省委九届三次全会对新区规划建设做出部署，下一步如何谋划推进？

袁桐利：省委九届三次全会是在雄安新区开局起步关键时期召开的一次重要会议，对新区规划建设进行了安排部署。我们将紧紧围绕迎接、宣传、贯彻党的十九大，深入学习贯彻习近平总书记系列重要讲话和重要指示批示精神，坚持稳中求进工作总基调，把要防患于未然、不要掉以轻心、更不能走弯路的要求贯穿始终，提高政治站位，坚持问题导向，做好群众工作，加强严格管控，提升规划水平，精心细心用心，有力有序有效推进，坚决系好第一颗扣子，以功成不必在我的精神境界，稳扎稳打，不急不躁，追求质量，善作善成，做到思想认识稳、工作推进稳、政策措施稳、社情舆情稳，确保管控好、稳得住、不出事，确保雄安新区规划建设开好局、起好步。目前，我们已制定了新区 2017 年重点工作安排，确定了加强管控、规划编制、民生保障等 10 个方面 29 项具体任务，逐一明确牵头领导、责任部门、完成时限，精心组织实施。

让低房价成为新区的核心竞争力

新华社记者：在新区规划建设中，对房地产、人才、改革创新等机制方面有哪些创新设想？

袁桐利：对这些新区规划建设中的重点难点问题，我们将坚持解放思想、与时俱进，全面深化改革，积极探索创新，稳扎稳打、有序推进。

在房地产上，坚决落实"房子是用来住的、不是用来炒的"要求，管住新区及周边市县房价地价，对新区土地出让情况进行清理整顿、分类处置，以改革创新的办法研究制定适合新区发展需要的住房保障体系，不搞大规模土地批租、不搞土地财政，严格限制商品房开发，让低房价成为新区吸引创新要素的一个核心竞争力。

在人才引进上，着眼一流人才来建设一流新区，制定特殊人才政策，在引进、使用、管理等方面打破常规，广泛推行聘任制，科学设计薪酬制度，建立创新成果市场化激励机制，吸引国内外高端人才到新区创新创业。

在改革创新上，把体制机制创新摆在与规划编制同等重要的位置，统筹研究谋划，精心组织实施，努力成为最有勇气创新的城市，成为吸引北京乃至全球有梦想年轻人的一块热土，成为鼓励打破常规而且最能够宽容犯错和失败的地方，加快形成创新要素加速流动的良好创新生态。大力推进行政管理体制改革，组建精简高效统一的管理机构。

创新投融资体制，以市场化方式多渠道筹集建设资金。深化"放管服"改革，凡是市场能调节的经济活动一律取消行政审批。全方位深度对接北京，推进教育、医疗、社保等基本公共服务均等化，增强新区的竞争力和吸引力。

新华社记者：对拆迁、规划、环保等问题，新区打算如何推进解决？

袁桐利：在拆迁安置上，严格落实国家有关要求，研究制定统一规范的政策，解决好群众搬迁腾退中的现实问题，让老百姓得到更多实惠、共享新区建设成果。规划建设小企业聚集地，合理安排企业搬迁时序，力争使企业生产不停顿、市场不丢失、利益不受损、工人不下岗。

在规划上，按照习近平总书记提出的"世界眼光、国际标准、中国特色、高点定位"要求，以"创造历史、追求艺术"的精神，高标准高质量组织规划编制，展现雄安水平、雄安标准、雄安高度，确保把每一寸土地都规划得清清楚楚再开工建设。搞好城市设计，以工匠精神打造城市特色风貌、留下千年传承。

在环保上，坚持生态优先、绿色发展，严格划定开发边界和生态红线，着力做足水的文章，修复和保护好白洋淀生态屏障，规划建设带状森林绿色屏障和生态绿廊，构建蓝绿交织、清新明亮、水城共融的生态城市。

（新华社雄安 2017 年 5 月 11 日）

资料链接

河北雄安新区来了，你想知道的都在这里

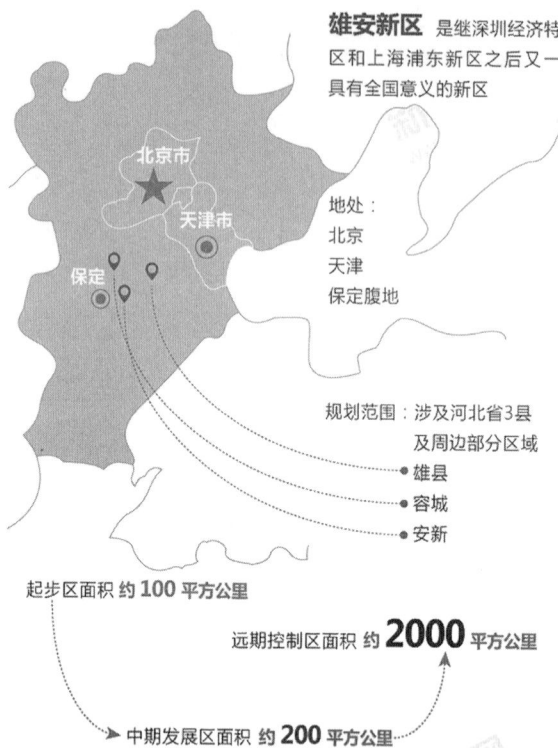

雄安新区 是继深圳经济特区和上海浦东新区之后又一具有全国意义的新区

北京市

天津市

保定

地处：
北京
天津
保定腹地

规划范围：涉及河北省3县及周边部分区域
- 雄县
- 容城
- 安新

起步区面积 约 100 平方公里

远期控制区面积 约 **2000** 平方公里

中期发展区面积 约 **200** 平方公里

意义

设立雄安区，是以习近平同志为核心的党中央深入推进京津冀协同发展作出的一项重大决策部署

集中疏解北京非首都功能

探索人口经济密集地区优化开发新模式

调整优化京津冀城市布局和空间结构

培育创新驱动发展新引擎

坚持稳中求进工作总基调，牢固树立和贯彻落实新发展理念，适应把握引领经济发展新常态，以推进供给侧结构性改革为主线

- 坚持世界眼光、国际标准、中国特色、高点定位
- 坚持生态优先、绿色发展
- 坚持以人民为中心、注重保障和改善民生
- 坚持保护弘扬中华优秀传统文化、延续历史文脉

特色

贯彻落实新发展理念的创新发展示范区

- 绿色生态宜居新城区
- 创新驱动发展引领区
- 协调发展示范区
- 开放发展先行区

七方面重点任务

建设绿色智慧新城，建成国际一流、绿色、现代、智慧城市

打造优美生态环境，构建蓝绿交织、清新明亮、水城共融的生态城市

发展高端高新产业，积极吸纳和集聚创新要素资源，培育新动能

提供优质公共服务，建设优质公共设施，创建城市管理新样板

构建快捷高效交通网，打造绿色交通体系

推进体制机制改革，发挥市场在资源配置中的决定性作用和更好发挥政府作用，激发市场活力

扩大全方位对外开放，打造扩大开放新高地和对外合作新平台

新华网数据新闻部　出品

第 二 章

逐梦者的新地标

①

沃野千里宜纵马　一张白纸好作画

规划建设雄安新区，雄安人民满怀憧憬。开好头、起好步，当务之急是维护建设环境，守好这方水土。

这几天，记者在雄安新区走访干部、群众、企业，见证了当地为新区建设守住"一张白纸"的决心与行动。

为何说新区是"一张白纸"

多位专家在访谈中都说，新区规划范围"如同一张白纸"，发展空间充裕。这也是记者在雄县、容城、安新三县实地采访的感受。

车行三县之间，目光所及，万亩平畴一望无际；三个县城高楼不多，马路多为两车道；看不到拥堵的车流，也没有拥挤的人群，平静安详。

之所以说这里是"一张白纸"，一个重要方面是人口密度低。以三县中人口最多的安新县为例，其44万人生活在738平方公里的县域范围内，每平方公里不到600人，而北京核心区每平方公里超过2.3万人。

水资源比较丰富是另一个重要方面。华北地区普遍缺水，但三县不仅有丰富的地热水、优质的矿泉水，还有华北最大的淡水湖白洋淀。

此外，三县工业多为轻工制造业，基本没有重化工企业，为环境保护和新区产业规划建设奠定了相对有利的条件。

所以说，新区选址不是"拍脑袋"拍出来的，而是有科学依据的。河北省委书记赵克志说，党中央决定在这里规划建设新区，是深思熟虑、完全正确的。

如何维护好这张"白纸"

2017年4月的白洋淀，碧波荡漾，芦苇婆娑。安新县安新镇王家寨民俗村，长堤烟柳，青砖小巷，犹如诗画。

"这么漂亮的'风景画'，如果有人在上面乱涂乱抹，该多可惜。"白洋淀八成多的水域在安新县境内。该县赵庄子村村干部赵小壮说，"以前水区村民依水而生，外地人都是游客。现在要建雄安新区，这淀水就不仅是白洋淀人的了，而是全国人民的，我们要为国家保护好白洋淀。"

建设新区，要有历史耐心，谋定后动，要把每一寸土地规划得清清楚楚再开工。因此，首要任务是维护好这张"白纸"。

新区规划正在制定，当地政府和干部正在加强管控，涉及土地、房地产、人口、环境等方方面面。

在容城县小里镇，记者看到几名村干部正在对着一片停建的工地拍照。"镇上10个村里在盖的房子、在建的工地都停了，村干部们每天白天都要去同一个位置、在同一个角度拍照进行比对，夜里也要接着巡查，确保新区范围内不违规添加'一砖一瓦'。"小里镇党委书记李冀秋说。

一些乡镇发出倡议书，号召乡亲们支持新区建设、共建美好家园，除明确了与土地和房屋相关的禁止措施外，还对企业环保提出严格要求。

"这些天，前来洽谈投资的外地客商一天有好几拨，他们的投资意向已经存档备审。我们的原则是严格环保条件，绝不允许高污染高排放企业进来。"容城县环保局局长肖凤祥介绍。

如何让这里更"白净"

新区的设立，一方面让当地干部群众倍受鼓舞，另一方面也提出了一道紧迫的考题：如何让新区这张"白纸"更白净。

在雄安新区打造生态城市、发展高端高新产业的定位下，以服装加工、塑料包装、制鞋等传统制造业为主的雄安三县，肯定要面临调整。

安新县大王镇北张庄村的张树田，23岁开始办厂做生意，已经快三十年了，住着大平房，生活安逸富足。"新区建设，一些地方可能涉及搬迁，一些产业必须调整，但没有短期代价哪来的长远发展，没有局部牺牲哪来的整体利益，这个我们想得明白。"他说。

除了产业存量的去留问题，生态环保也大有文章可做。京津冀协同发展专家咨询委员会组长、中国工程院主席团名誉主席徐匡迪院士说，新区开发建设要以保护和修复白洋淀生态功能为前提。

就在4月5日，保定市王快、西大洋两大水库开始联合向白洋淀进行为期两个月的生态补水。这次补水的水源水质均为一类，白洋淀收水量将超过3300万立方米，水位预计将上涨11厘米。

安新县大张庄村是当地重要的羽绒加工集散地。安新县环保局副局长王焱告诉记者，这个村过去有95家羽绒企业，通过综合整治已淘汰了近30家，现存的都建了高标准污水处理设施。

"过去洗绒耗水量大，现在有了污水处理厂，90%的污水都可循环利用。"安新县鸿隆羽绒制品有限公司负责人安小明说。

记者了解到，容城等地正加快服装企业剩余燃煤锅炉的关停拆除，全部改气改电。雄县等地的纸塑包装企业正尝试收集生产过程中的挥发性有机物，以便无害化处理。

有了这张"白纸"，新区未来才可以尽情描画，建成一个蓝绿交织、清新明亮、水城共融的生态城市。

（新华社雄安 2017 年 4 月 14 日）

2

千年大计看开局

北京向南百公里，冀中平原一马平川。雄安新区，一项承载着"千年大计、国家大事"的历史性战略部署，降临在这片土地上。

"世界眼光、国际标准、中国特色、高点定位"，让雄县、容城、安新三个寂寂小城走上历史前台。

春意盎然的季节，记者踏上这片蕴含厚重历史文脉、深植红色基因的热土，走村庄、进水乡、看工厂、访干部，感受国家战略开启后的勃勃脉动。

"雄安一定会雄居天下、国泰民安"

千年古城雄州，玉兰花开。安新白洋淀，苇绿莺飞。

悬挂着"中国共产党雄县委员会、雄县人民政府"牌子的办公楼前，操着天南海北口音的外地人，纷纷在此驻足、留影。

"顺便照张相，留个念。"28岁的软件工程师冯川和同学一早从天津赶来。"雄安将是创新之都，我们来找找互联网产业的机会。"

安新和容城县政府的门口也不乏前来拍照的人。经营餐饮业的余红平带着妻儿从江苏常州赶来,盘算着在这里开家店。几位来自北京的律师则计划开个律所。不少企业、科研院所和部委机构也纷至沓来,与当地密切接洽。

最欢欣鼓舞的当是本地人。"小县城就要变成世界大都市了,这几天做梦都在笑。"52岁的雄县人何嘉舟很开心。"更好的日子就要来了!"雄县教师张德强说,新区一定会给当地教育、医疗、市政建设等带来天翻地覆的变化。

"有福之人,生于大邦之地。"酷爱读史的退休干部郭贺明对未来满怀憧憬,"我总感觉这里会成大事。雄安,雄安,雄居天下,国泰民安!"

雄安宝地,三水毓秀;通衢之地,八方交汇。"四纵两横"铁路网即将形成,雄安将与京、津、石形成"半小时通勤圈"。

沃野千里,空间疏朗。自然禀赋得天独厚,文脉久远民风淳朴,以习近平同志为核心的党中央落子雄安的战略决策,给当地干部群众带来巨大鼓舞。

上下同欲,事业乃成。

在雄安新区筹委会临时办公地,工作人员忙得脚不沾地,新区临时党委有关负责人说:"总书记已经点题,我们的任务是破题,大家都满怀信心,撸起袖子加油干。"

宋志通已经连续几天没有回家,进入"5+2""白加黑"的增强版状态。这位雄县雄州镇的党委书记,手机24小时开机,主要工作是违建管控、民情摸底。"千年大计必须从我做起、从基础做起,我们一定能干成这件大事。"宋志通说。

"这是干事创业的热土,不是炒房投机的天堂"

"容城欢迎创业者，新区拒绝炒房团""雄安新区千年大计，投机炒房误国害己"……在雄安三县，打击炒房的标语横幅随处可见，不少售楼部大门紧锁，贴上了封条。

设立雄安新区的消息刚刚公布，就有一批批炒房者连夜蜂拥赶来。当地政府迅速发布"严控令"，依法进行管控，周边县市纷纷响应，对炒房坚决"说不"，刚刚燃起的"投机发财梦"被当头浇灭。

当地干部说："这里是干事创业的热土，不是炒房投机的天堂。"

遏制炒房旗开得胜，新区建设固本培基。

如果把雄安新区比作"一张白纸"，那么，这张"纸"越白净越有利于规划和建设。

在雄州镇政府发给当地百姓"支持新区建设、共建美好家园"的倡议书上，"坚决管控"成为重要内容，包括严禁房屋建设、小产权房建设、房屋销售、私下交易、违法占地、违章建设、抢栽抢种、不环保企业等"八个严禁"。

维护好雄安新区这张"白纸"，三县以坚定的决心，积极行动起来。

容城县环保局局长肖凤祥介绍，他们一方面加大执法力度，关停取缔一些高耗能高排放企业，加快服装企业剩余燃煤锅炉的关停拆除，另一方面严把审批关，杜绝高污染高排放企业入区。

雄州镇是雄县最大的乡镇，年税收超过 3 亿元，低端的纸塑包装是支柱产业。宋志通说："政府和企业坚决服从中央决策，该整改就整改，该关停就关停，局部利益必须服从整体利益。"

尽管具体规划尚未出台，但中央对雄安新区定位是要打造绿色智慧新城，发展高端高新产业，这就意味着以服装加工、塑料包装、制鞋等传统制造业为主的雄安三县势必面临产业的转型调整。

"要建新区，我们这样的小工厂以后怕是没有生存空间了。"16岁就开始帮家里的塑料厂张罗业务的张英男说，无论如何都会支持新区建设，真要搬，也要想办法重新选地，并借机告别低端、转型升级。

搬迁、安置、工作、收入，都是民生大事。从消息发布之初的兴奋，到关切自身利益的思虑，雄安三县的百姓不少都经历了这样的心路历程。今年72岁的安新县大王镇北张庄村村民王福安，关心更多的是儿孙上学、工作。

"相信政府不会亏了咱老百姓！建新区是个天大的好事，乡亲们都说好了，让拆就拆，让搬就搬！"他说。

党中央明确提出，规划建设雄安新区要坚持以人民为中心、注重保障和改善民生。新区筹委会也表示，会安排好群众的生产生活，让当地百姓享受到良好的住房和教育。

"新区建设涉及调整和变革，必然要付出短期代价，只要从老百姓的福祉出发，很多问题就能迎刃而解。"雄县退休干部周振成说。

作为深圳经济特区和上海浦东新区之后又一具有全国意义的新区，雄安新区建设的历史条件已经不同。从城市形态到产业结构，从户籍制度到公共服务，规划建设要啃不少"硬骨头"，要用创新思维来破解。

拿出决心，把新区建设前期工作做实，是当地干部群众的共同心声。当前新区的干部，正忙着学习宣讲、摸清底数、做好管控、谋划未来。

"一茬接着一茬干，一张蓝图干到底"

四月的白洋淀，新苇吐绿。"20世纪80年代初，淀里的水舀上来就能喝。之后连续干了多年，淀底上能走马车、开拖拉机。后来通水，上游的脏东西都下来了，鱼越来越少。近两三年，淀里的水质又清了，原来不常见的鱼又重新看到了，大鸨、天鹅什么的又飞回来了。"在淀区深处的赵庄子村，76 岁的赵雁林如数家珍，讲述了白洋淀的变迁。

碧波荡漾的白洋淀，见证了淀区百姓依水而生的奋斗历程；而今，"华北明珠"又迎来建设水城共融生态城市的千年大计。

有"九河下梢"之称的白洋淀，生态功能脆弱。未来，要建设一座绿色生态宜居新城，保护和修复白洋淀生态功能至关重要。

"既要恢复上游森林植被，又要治理流域内水土流失；既要加强河道污染治理，又要解决淀区生产生活排污；既要保证补水，又要定期弃水。"淀区干部群众认为，白洋淀是雄安新区的"眼睛"，必须倍加珍爱。

治污、绿化、疏浚、清淤，这是长期的系统工程，需要几代人的努力。雄安新区建设，绝非一日之功。

"功成不必在我""一茬接着一茬干，一张蓝图干到底"，这是当地干部经常说的几句话。

安新县大王镇北张庄村党支部书记张树田说："建设新区，难免有故土难离之情，势必有一部分人要牺牲眼前利益，要甘当'铺路石'。"

喧腾过后，需要理性思考。建设雄安新区，须保持韧劲和耐心，谋定后动，久久为功。

创新引领的雄安新区，关键在"人"，更离不开体制机制的创新。"建设雄安新区的核心元素就是创新，如何更好推动京津冀协同发展，支撑引领河北、全国发展，这是一个宏大命题、一项伟大事业。"新区筹委会有关负责人说，"充满希望的雄安新区是值得托付一生的地方。这里需要一批有理想、有情怀的人干事创业，需要一代又一代人继往开来。"

（新华社雄安 2017 年 4 月 12 日）

③

逐梦者的新地标

　　蒙蒙细雨中，28 岁的冯川和妻子、同学一早就驱车从天津来到雄县，感受未来将成为创新高地的雄安新区，寻找创业机会。

　　"雄安未来是创新之都，我们想寻找互联网行业的机会。"冯川大学毕业后曾在渣打银行工作，后来辞职加入创业大潮，目前在天津滨海新区一家软件开发公司工作。"希望相关规划和产业政策能早日公布。"他说。

　　2017 年 4 月 1 日，中共中央、国务院印发通知，决定设立河北雄安新区。高定位使河北省雄县、容城、安新三座低调的县城一夜之间举世瞩目。

　　雄县县政府门前的绿地广场上，寻梦者纷至沓来。与冯川一起聚集在这里拍照留念的，还有北京的律师、浙江的企业家、江苏的餐饮店老板、山东的学者和河北的政府官员等。怀揣梦想的人们希望见证将成为中国未来之城样板的新城区，同时来寻找自身发展的机会。

　　经营餐饮业的余红平带着妻儿连夜开车从江苏常州赶来，盘算着在这里开店。与他擦肩而过的是几位来自北京的律师，其中一位说，"我们想来这里开分所"。

容城和安新县政府的门口也不乏前来拍照的人们。在天津从事投资行业的杨永伟带着朋友来了，他似乎更冷静，"我们在县城和农村转了转，有些地方还很穷，发展起来恐怕需要时间"。据了解，不少企业、科研院所和部委机构也在与当地密切接洽。

雄安新区是继深圳经济特区和上海浦东新区之后又一具有全国意义的新区，是千年大计、国家大事。中共中央总书记习近平明确指示，要重点打造北京非首都功能疏解集中承载地，在河北适合地段规划建设一座以新发展理念引领的现代新型城区。一位雄安新区筹委会负责人说："总书记已经点题，我们要研究的是如何破题、如何做新。"

根据专家解读，这里将建设高度智能化的世界一流交通系统，与京津冀三地机场"无缝对接"。这里或将实施新的房地产管理甚至户籍管理措施，谋求源头的体制、机制创新。这里还将成为中国经济新常态下新的增长极。

历史上，深圳经济特区和上海浦东新区有力推动了珠三角和长三角地区乃至全国的发展。雄安新区涉及的三个县现有开发程度较低，发展空间充裕。三个县城面积不大，周围皆是大片平整的农田。50 岁的周金花在容城县经营防盗门生意，平时她一边看店，一边照顾两岁的孙女。"我们这里从来都不堵车。"她说。

按照规划，雄安新区起步区面积约 100 平方公里，中期发展区面积约 200 平方公里，远期控制区面积约 2000 平方公里。目前核心区具体规划尚未公布。

"用先进的理念和国际一流的水准规划设计建设，坚持高标准高质量组织规划编制，把每一寸土地规划得清清楚楚后再开工建设。"河北省委书记赵克志说。

雄安新区将发展高端高新产业，吸纳和集聚创新要素资源，培育新动能，当地现有的塑胶、服装、制鞋行业的产业升级已是必然。

雄州镇是雄县最大的镇，聚集了2000多家大小不一的纸塑企业。镇党委书记宋志通说，近几年大气污染防治力度加大，有些企业频频停限产。"新区成立以后，影响环境的行业不能存在，这一点大家是有共识的。"宋志通说。

新区建设首先涉及征地、拆迁等，宋志通说："目前第一步是做好管控工作，严禁房屋销售行为、违法占地，为以后的发展奠定基础。白纸越白，越好建设。"

对于注重创新的本地企业，雄安新区让它们有了更高的期待。位于容城县的保定来福汽车照明集团有限公司是当地支柱企业。公司副总经理李战军说："有了新区，企业技术创新和吸引人才的问题就能解决了。"

"我们最缺的就是人才，招聘时许多大学生不愿来，因为工厂在县城。我们只好把研发中心设在天津。"他说。

未来，雄安将为世人展现蓝绿交织、清新明亮、水城共融的生态图景，人们的创业梦、创新梦、宜居梦将有机会在这里实现。76岁的赵雁林一辈子都生活在白洋淀，对这里的水、鱼、鸟了如指掌，如数家珍。

"1958年，我陪中科院专家考察白洋淀和上游河流，那时候淀里的鱼有300多种。直到80年代初，淀里的水舀上来就能喝。后来一度水干了，淀底上走马车、开拖拉机。"赵雁林用亲身经历讲述了白洋淀的生态变迁。

"近两三年，水质才有所好转，原来不常见的鸟和鱼又看到了。希望未来白洋淀水更清，最好回到小时候那样。"他说。

"雄安新区是值得托付一生的地方，需要一批有理想、有情怀的年轻人干事、创业。"一位雄安新区筹备工作委员会负责人说，"建设雄安新区的核心是元素创新，如何引领世界，这是一个宏大的工程、一项伟大的事业。"

（新华社雄安 2017 年 4 月 12 日）

④

雄安新区：一些可喜变化正在悄然发生

5月1日，雄安新区宣布设立恰满一个月。一个月前，雄县、安新、容城三个寂寂小城一夜之间举世瞩目，受到广泛关注。这一个月里，记者在一线采访，亲历这片热土发生的一些可喜变化：百姓激动心情渐渐平复，正在憧憬未来生活；"炒房大军"短暂狂欢后已难觅其踪；各大机构积极对接，雄安商务考察游方兴未艾……

百姓激动心情逐渐平复，正憧憬未来生活

与一个月前相比，居住在白洋淀岸边的68岁村民赵彦光激动的心情已经逐渐平复，他开始关注雄安新区未来的规划和建设。

赵彦光是安新县赵庄子村人，赵庄子村是安新县白洋淀水域中的传统水区村。随着新区的规划和建设，这些世代居住在白洋淀岸边的人们可能会面临家园和生计的变化。

赵彦光说："在白洋淀生活了一辈子，若要搬迁，还希望不要搬得离家乡太远。"

一个月来，当地抽调了1560名驻村干部，起步区57个村由县级干

部分包，三县 557 个村实现了驻村工作组全覆盖。工作组入企入户了解群众诉求，为征地拆迁、搬迁安置等开展工作。

赵庄子村党支部书记赵文祥告诉记者，雄安新区建设涉及一些村的征地、拆迁，但淀区老百姓都有共识，一定会响应国家号召，如果要搬迁，让走就义无反顾地走，相信政府的安置一定会让百姓满意。

5 月 1 日也是婴儿孙浩博迎来满月的日子。4 月 1 日晚 7 时，出生于安新县医院的这个男孩给全家带来了欢乐。父亲孙贺通乐得合不拢嘴，连声说：“双喜临门，雄安新区的消息刚宣布，孩子就出生了。”

父母给孩子起名为“浩博”，寓意是：浩然正气、博采众长。恰如外界对雄安新区的期望。现孩子已长到十多斤，会在大人的逗乐下微笑，用眼睛张望这个崭新的世界。

“我们这代人做什么梦的都有，就是没有做过雄安新区这样的梦。这些天乡亲们茶余饭后都在讨论新区建设，畅想家乡未来，用老百姓的话说就是未来雄安新区，想多好有多好。”赵文祥说。

“炒房大军”短暂狂欢，现已难觅其踪

4 月 1 日，雄安新区设立的消息刚刚宣布，各地炒房团连夜来到安新、容城、雄县三县及周边县区。但现在采访时，曾经蜂拥而至的炒房团已不见踪影。

记者近日采访看到，雄安地区的售楼处及房产中介的大门上全部贴上了封条，行人多匆匆路过，鲜有人驻足观看，街上也很难看到前来寻找房源的购房者，清明小长假期间所出现的火爆景象未再出现。

新区一位干部表示，当时炒房团确实存在，但在有力有效的管控下，新区经受住了炒房、落户、炒车等多重考验，新区范围内也没有出现未

建先乱、抢栽抢种等现象。

据介绍，从去年 6 月起，相关部门就依法开展专项整治，对新区的规划、土地、户籍、不动产交易和项目建设进行了严格管控。4 月 1 日以来，雄安新区实施了更为严格的全面管控，周边 11 个县也同步采取了管控措施，严厉打击炒房、炒车等违法违规行为。

北京的刘先生五一小长假专程开车到白洋淀景区参观。他告诉记者，自己这次带着家人来旅游，就是想看看雄安新区现在的样子。"现在这里无房可买也无房可卖，所以就想带着家人干脆过来好好转转，多拍拍照片，记录一下雄安新区开发前的模样。"

雄安新区是创新的高地，不是炒房淘金的地方。五一节期间，雄安新区临时党委和筹备工作委员会继续严格落实"房子是用来住的、不是用来炒的"要求，采取专业执法与群众监督相结合方式，持续深入开展房地产市场专项整治，绝不给投机者牟利机会。

各机构积极对接，雄安商务考察游方兴未艾

4 月 26 日，雄安新区筹备工作委员会召开新闻发布会。河北雄安新区临时党委委员、筹委会副主任牛景峰介绍，"雄安新区正在按照中央部署和省委要求，组织一流机构、一流人才，精心抓好各项规划编制工作。同时，计划将 30 平方公里启动区的控制性详规和城市设计面向全球招标，开展设计竞赛和方案征集。"

一个月来，中央各部委、各大金融机构与中央企业等认真研究、加强对接，共谋雄安新区发展的千年大计……

筑起梧桐树，静等凤凰来。对安新、容城、雄县三县企业家来说，雄安新区的成立，是一个巨大利好。"新区这张名片，即使打 1 个亿

的广告都达不到这个效果。"容城县保定集宏兴服饰有限公司总经理郭永红说，这一个月来，他接了国内、国外数百个电话，相当多是寻求合作的。

河北津海实业集团是容城一家主要生产服装的企业，年生产能力120万套，60%的产品用来出口，40%产品在国内市场销售。"新区的设立对于我们传统制衣企业来说是一个千载难逢的转型机会，我们未来要向着高端、定制化发展。"津海实业集团总经理薛新建说。

受到雄安新区成立的利好影响，白洋淀景区也提前一个月就开始进入旺季。在安新县经营旅行社的白新宁告诉记者，今年五一的预订情况比去年同期好很多，与往年不同的是今年还有许多旅客选择他们新推出的"雄安商务考察游"，自4月15日该产品推出以来，已有超过1000名游客报名参加。

安新县旅游发展局副局长张克信告诉记者，为应对五一小长假旅游高峰、全面提高各项突发事件应对能力，白洋淀景区开发管理委员会制定了五一小长假突发事件应急处置预案。预案提出白洋淀景区内游客数量达到1.2万人次时，游客中心停售景区、景点门票。

中国人习惯用"满月"来标注新生命的成长。对于刚刚设立的河北雄安新区，这一个月举世瞩目，生机盎然。

30天里，在这片具有悠久历史、浸润红色传统的热土上，人们一边在不舍昼夜努力守护好"这张白纸"，一边在紧锣密鼓筹备新区规划建设。

雄安新区，正在悄然向世人揭开面纱……

希望在升腾——雄安一出天下名，降以"千年大计"重任的这方热土涌动着澎湃生机

"谷雨麦怀胎，立夏见麦芒。"4月底，安新县大王镇小王营村——雄安新区的核心地块，千亩平畴，一望无际。新区设立之时，麦苗才刚返青，如今已一尺多高，正拔节孕穗。

走进小王营村，街道平静祥和。

"忙，特别忙，从没有感觉时间这么不够用。"包村干部席艳涛说，小王营村2000多人，这个月来干部们进农户、下田地，摸查村情民意。

像席艳涛这样的驻村干部，新区有1560名，三县557个村实现驻村工作组全覆盖。

在安新县安州镇东向阳村，蜿蜒的府河流经村庄，汇入白洋淀。白鹭在水面振翅低飞，村民在河里捞莲藕。

"这是最后一茬麦子了，收了就不种了。以后淀里水要多了，堤要加宽了。"村民谷迎德指着麦田对记者说。

安新县赵庄子村地处白洋淀东北部，明朝永乐年间先祖在此定居，迄今已600余年。村支书赵文祥说，听到雄安新区成立的消息，乡亲们非常高兴，听说可能会搬迁，有些舍不得。"但这是惠及子孙万代的事情，大家能想得通。"

"新区是金字招牌。"容城县保定集宏兴服饰有限公司总经理郭永红说，这一个月来，他接了国内外上百个电话，相当多是寻求合作的，"突然感觉炙手可热，下一步我要好好谋划企业转型升级"。

位于容城县繁华地带的惠友购物中心，玩具柜台前挂着"雄安新区我来了"的标语。店员们用小西红柿摆成"水果地图"标注雄县、容城、

安新位置。

一个月里，不论是清明假期，还是普通周末，三县都多了一些操着天南海北口音的外地人。他们在三县政府门前、广场等地驻足、留影。

"虽然新区规划还没出来，但我们想来实地看看。"在天津工作的毕莹和朋友开车赶到雄县，到这里寻找创业发展的机会。

如今，人们已由最初的惊喜逐渐归为平静，但大家都知道眼前的一切景象都将改变。

在中央部署下，河北省成立了新区规划建设工作领导小组，实行书记省长双组长制。

容城县奥威路100号，一座灰色高楼。4月1日当晚，雄安新区临时党委和筹备工作委员会几十名工作人员连夜进驻这里。目前临时党委和筹委会已接管了雄县、容城、安新三县人事、党务、社会稳定等工作，开始行使规划、建设、国土等管理事权，正在昼夜不舍、有条不紊开展各项工作。

一个月来，中央各部委、各大金融机构与中央企业等认真研究、加强对接，共谋雄安新区发展的千年大计：国资委表示将推动央企在基础设施建设、电力、通信、轨道交通、生态环保等方面提供支撑；国家开发银行近期将提供1300亿元资金支持新区起步区建设……

万事看开头，起步定后程。勃勃生机，已在这片土地上涌动。

家在安新县西角村的孙浩博满月了。

4月1日晚7时出生的这个男孩给全家带来了欢乐，父亲孙贺通乐得合不拢嘴，连声说："喜事连连，雄安新区的消息刚宣布，孩子就出生了。"

孩子已长到十多斤，会在大人的逗乐下微笑，用眼睛张望这个崭新的世界。

父母给孩子起名为"浩博"，寓意是：浩然之气、博采众长。恰如外界对雄安新区的期望。

使命在召唤——国家大事必作于细，坚持"以人民为中心"确保开好局、起好步

4月11日，雄县召集来自塑料包装、压延制革、乳胶制品、电器电缆四个支柱产业的企业代表开会。

"县里及时传达政策信息，指明企业今后发展的方向。"雄县鑫丰气球厂总经理臧志刚说，散乱小污的厂子肯定没有生存空间了，大企业会统一搬迁，按规划进入园区。

臧志刚所在的大步村，被誉为"中国气球第一村"，村里有70多家乳胶制品企业。雄县全县乳胶制品产量占国内市场份额约80%。

雄安三县，历史上形成了雄县塑包、容城服装、安新制鞋等各具特色、产业链较为完整的传统特色小产业集群，并呈现出村镇聚集、"大群体、小规模"等特点，吸引了不少人就业。

工厂搬不搬？搬到哪里去？企业主和在工厂打工的村民都很关心。

"坚持以人民为中心，认真做好企业搬迁安置工作。"4月12日，新区临时党委、筹委会发布"明白纸"，提出将统筹安排、科学规划建设园区。

"这给我们吃了定心丸，可以集中精力搞企业上档升级了，我们正摸索研发智能化的鞋。"安新县三台镇张村工业园区稳步鞋业有限公司董事长李国宗说。

新区开好局、起好步，当务之急是维护建设环境，做好管控，守好"一

张白纸"。

设立新区消息刚公布，就有炒房者连夜蜂拥赶来。当地迅速发布"严控令"，周边县市也纷纷响应。

"4月1日当晚发现县城有外地人来炒房的现象，立刻就向筹委会领导汇报并研究应对措施，凌晨时分集体约谈全县10家开发商，有效控制了局面。"容城县委书记商少璞这样讲述当时的工作状况。

"现在我每天必做的事是走村入户，了解社情民意，督导驻村干部，及时发现问题，并召集班子成员商量解决办法。"他说。

一个月来，新区三县在去年6月已采取管控治理措施的基础上，又对规划、土地、户籍、不动产交易和项目建设实施严格的"五冻结"，周边11个县（市、区）也同步采取管控措施。

新区决不是炒房的天堂。在有力有效的管控下，雄安新区经受住了炒房、落户、炒车等多重考验，新区范围内没有出现未建先乱、抢栽抢种等现象。

新区建设好不好，要以百姓满意程度为标尺。

容城县八于乡大南头村民张国军，是一家规模养鸡户。今年3月，已孵出的小鸡4000余只，都圈养在一个小的鸡舍里，还有6000只小鸡没孵出来。而旧鸡舍拆除不久，还没来得及翻盖。

如何严格管控，又解燃眉之急？

在得知张国军的困难后，八于乡领导立即上门查看，通过与上级部门沟通，决定临时搭建塑料大棚解决鸡舍问题。

搬迁、安置、工作、收入，都关系着老百姓的切身利益。随着新区规划建设的推进，这些老百姓的实际问题将一一触及，相关难题也可能会不断出现。

一个月来，各级干部围绕即将实施的征地拆迁、腾退安置、施工建设等工作，入企入户宣传政策、了解诉求，引导群众正确处理各种关系。

河北省常务副省长、雄安新区临时党委书记袁桐利表示，要突出重点，切实解决好涉及群众切身利益问题。做好安置房建设、企业搬迁等工作，让群众安居乐业有保障。

新区开好局、起好步，重要基础是保护白洋淀生态功能和强化环境治理。

春夏之交，暖风吹拂，白洋淀里芦苇返青。

白洋淀之于雄安，犹如西湖之于杭州。水域面积达 366 平方公里的白洋淀，生态修复是新区规划建设的重大工程，绝不能因城废淀。在四面环水的王家寨村，村民国和子说，这些年对上游鸭绒厂等污水排放治理不断加强，淀里水质改善了不少。

4 月 9 日凌晨，从上游水库而来的清水，流经四县 160 公里后，流入这个华北平原最大的淡水湖。这次生态补水为期两个月，水位预计将上涨 11 厘米。

安新县水利局工程管理股副股长赵建民说，春季蒸发、渗漏量是最大的，又少有降水补充，这个季节补水对改善白洋淀的生态至关重要。

据他介绍，一项为白洋淀"解渴"的长效机制正在建设中。2015 年10 月，引黄入冀补淀工程开工建设，建成后每年将向白洋淀生态补水 2.55 亿立方米，确保白洋淀生态环境良性循环。

4 月 26 日晚，白洋淀大堤上游人三三两两，夜空繁星闪烁。常来这里遛弯的大王镇村民张学斌说，这里水多，空气好，大家都爱在这里玩，要保护好。

其实，保护环境的各项行动已在部署展开。根据安排，周边的保定、廊坊两市的钢铁产能将全部退出，污染源将得到有效治理。

未来在铺展——每一步都是开拓创新，打造落实新发展理念的典范城市样本

设立一个月的雄安新区，作为中国最年轻的都市，未来的气息正扑面而来。

尽管一锹土未动，但雄安新区的百姓们都知道，不久之后这片土地将会有翻天覆地的巨变。一些外媒也在猜测这座新城的模样：是打造中国的硅谷？还是大型企业的聚集地？

两个多月前，在安新县召开座谈会时，习近平总书记如此宣告：雄安新区将是我们留给子孙后代的历史遗产，必须坚持"世界眼光、国际标准、中国特色、高点定位"理念，努力打造贯彻新发展理念的创新发展示范区。

这将是一座规划引领、高点定位的千秋之城。

雄安新区规划正在周密进行之中。规划总体形成"1＋N"体系，"1"就是新区总体规划，"N"就是起步区控制性规划、启动区控制性详规、白洋淀生态环境治理和保护规划等综合性规划，以及新区经济社会发展、创新体系、产业布局、交通路网等专项规划。

据介绍，按照党中央、国务院要求和京津冀协同发展领导小组部署，去年5月，领导小组办公室就组织协调河北省等方面着手启动新区的总体规划、起步区规划和控制性详细规划、白洋淀生态修复规划和专项规划编制工作。

4月25日至5月10日，中国城市规划设计研究院等6家机构参与的雄安新区规划工作营将重点围绕雄安新区总体规划、起步区控制性规

划的总体布局方案开展优化完善工作。

谋定而后动，保持历史耐心，不操之过急，不走弯路，才能确保一张蓝图干到底。

"计划将30平方公里启动区的控制性详规和城市设计，面向全球招标，开展设计竞赛和方案征集。"4月26日召开的雄安新区新闻发布会上，新区临时党委委员、筹委会副主任牛景峰说。

这将是一座便捷高效、宜居和谐的现代之城。

新区建设将紧紧围绕"人"字做文章，充分提高基本公共服务水平，配套优质教育医疗等资源，提高对疏解北京非首都功能高端人才的吸引力。

这里将坚持生态优先、绿色发展，构建蓝绿交织、清新明亮、水城共融的新型城市。新区筹委会正在为先行启动的基础设施和生态建设项目做好开工准备。

"基础设施建设，要先地下，再地上。地下是新区内部骨干路网，汽车穿梭往来。地上是林带、湿地湖链、公园、街道，错落有致、融为一体，步行15分钟即可找到各种生活服务设施。整个新区便捷、高效、宜人、富有活力。"京津冀协同发展专家咨询委员会委员、北京交通发展研究院院长郭继孚说。

通衢之地，八方交汇。雄安新区将加快建设高铁和城际铁路、市郊铁路以及区域内轨道等多种方式的大运量快速公共交通系统，并与城市功能区紧密结合。

"这样可保证新区到北京、天津市中心30分钟以内到达，交通区位优势明显。"郭继孚说。

这是一座改革开放、开拓创新的标杆之城。

比肩深圳特区和上海浦东的雄安新区，一问世就承担着新时期改革创新的历史使命。新区的规划建设将解放思想，打破思维定式，蹚出一条发展的新路子，为新时期的发展提供宝贵经验。

"新区发展的根本在于以改革激发活力、以创新增强动力，只有改革创新才能蹚出发展新路，只有改革创新才能赢得新区美好未来。"新任河北省省长的许勤如此表示。

新区之"新"，在于要打造成体制机制的创新高地。规划建设所迈出的每一步都在努力开拓创新：

——以制度改革创新激发活力。在土地、住房、投融资、环境保护、公共服务、社会管理等方面，综合改革、集成创新。摒弃传统的土地财政老路子，积极探索多元化融资模式。

——以科技体制改革增强动力。借力首都优质高等教育资源、科技创新资源，积极争取国家实验室、科技创新2030重大项目在新区落地。

——以管理体制改革提升效力。深化行政体制改革，建立精简、高效、统一的新区管理机构，赋予新区充分管理权限，创新选人用人机制。

万马奔腾，目标引领。雄安新区绝非传统工业和房地产主导的集聚区，创新驱动是雄安新区发展基点。

按照中央部署，雄安新区定位首先是疏解北京非首都功能集中承载地，重点承接北京疏解出的行政事业单位、总部企业、金融机构、高等院校、科研院所等。

"重点是要紧跟世界发展潮流，有针对性地培育和发展科技创新企业，发展高端高新产业，积极吸纳和集聚创新要素资源，培育新动能，打造在全国具有重要意义的创新驱动发展新引擎。"京津冀协同发展专家咨询委员会组长、中国工程院主席团名誉主席徐匡迪说。

国资委已表示，大力支持中央企业将新设立的高新技术企业、高端服务业企业落户雄安新区。

中科院党组已成立领导小组支持新区建设。中国移动和中国电信也宣布，将在新区超前规划和部署 5G 通信网络，支撑打造智慧高效的新型城市治理模式。

众志成城绘蓝图，万众一心向未来。

在以习近平同志为核心的党中央领导下，从中央到地方，从各部委到河北省各部门，新区规划建设工作正在紧张有序地展开……

津冀两地日前已签署了积极推进雄安新区建设发展战略合作协议，河北官员也到北京学习建设北京城市副中心的经验。

河北省委书记赵克志说，有全国人民的大力支持，雄安新区一定能够打造成为贯彻落实新发展理念的创新发展示范区，京津冀协同发展一定会迎来更加灿烂辉煌的明天。

大好河山，宏图正起。

雄安新区，这座肩负发展新使命的未来之城，令人无限憧憬……

（新华社石家庄 2017 年 5 月 1 日）

⑤

特写：白洋淀百姓畅想雄安新区未来

68 岁的赵彦光在白洋淀岸边生活了一辈子。今年 4 月，他的家乡迎来了千载难逢的发展机遇。

4 月 1 日，中共中央、国务院印发通知，决定设立河北雄安新区。高定位让雄县、容城、安新三个寂寂小城一夜之间举世瞩目。

赵彦光是安新县赵北口镇赵庄子村人，赵庄子村也是安新县白洋淀水域中的传统水区村。赵彦光说："我可以说是在白洋淀的水里'泡'大的，多年来淀区老百姓一直靠这淀水为生，前些年是淡水养殖、苇箔加工，近些年是发展水乡民俗旅游。"

"赵庄子村还有着深厚的红色基因，是电影原型'小兵张嘎'的故乡。在烟波浩渺、苇荡丛生的白洋淀，至今还流传着雁翎队员抗日的故事。"赵彦光说。

回想雄安新区消息发布时，赵彦光还是很激动兴奋，不过现在赵彦光等淀区老百姓开始关注新区未来规划和建设。

赵庄子村党支部书记赵文祥告诉记者："这几天乡亲们茶余饭后都在讨论新区建设，畅想家乡未来，用老百姓的话说就是未来雄安新区，想多好有多好。"

随着新区的规划和建设，这些世代居住在白洋淀岸边的人们可能会面临家园和生计的变化。"在白洋淀生活了一辈子，若是要搬迁，只希望不要搬得离家乡太远。"赵彦光说。

赵文祥表示，雄安新区建设涉及一些村的征地、拆迁，但淀区老百姓都有共识，一定会响应国家号召，如果要搬迁，让走就义无反顾地走，相信政府的安置一定会让百姓满意。

中共中央明确提出，规划建设雄安新区要坚持以人民为中心、注重保障和改善民生。新区筹委会也表示，会安排好群众的生产生活，让当地百姓享受到良好的住房和教育。

多位专家在访谈中说，雄安新区范围内人口密度低，建筑少，新区规划范围"如同一张白纸"，发展空间充裕。

尽管具体规划尚未出台，但中央对雄安新区定位是要打造绿色智慧新城，发展高端高新产业，这意味着以服装加工、塑胶包装、制鞋等传统制造业为主的雄安三县势必面临产业的转型调整。

服装行业是容城的特色产业，容城有大大小小的服装企业900多家，从业人员7万余人。2016年，容城服装业完成产值256亿元。河北津海实业集团是容城一家主要生产服装的企业，年生产能力120万套，年产值达到2亿多元，其60%的产品用来出口，40%产品在中国市场销售。

"雄安新区的设立对于我们传统制衣企业来说是一个千载难逢转型的机会，我们未来要向着高端、定制化发展。"津海实业集团总经理薛新建说，新区消息发布后，寻求合作的客商特别多，每天都有三四批次客商来厂里参观，打电话或通过网络应聘的技术研发人才也是一拨接一拨。

此外，雄安新区地处京津冀大气环境和水环境敏感地区。京津冀协同发展专家咨询委员会专家表示，新区开发建设要以保护和修复白洋淀生态功能为前提，离不开整个流域的生态环境改善。要从改善华北平原生态环境全局着眼，重点要优化京津冀的水资源管理，提高水环境治理标准。

记者在赵庄子村采访看到，白墙灰瓦、绿柳婆娑、碧波荡漾，使人恍若来到江南水乡。赵文祥说，为了保护和修复白洋淀生态环境，我们从处理生活污水入手，铺设了污水管网，还配备了保洁员每天收集垃圾，水面也有垃圾船每天打捞，这些垃圾都要送到处理站集中处理。

治污、绿化、疏浚、清淤，这是长期的系统工程。今年 62 岁的赵严顺是赵庄子村水上保洁员，赵严顺介绍，为了白洋淀的清澈，他每天早晨七点半上班，晚上七点半才下班，一天要十多次清除打捞淀面上的垃圾。

"近些年，白洋淀的水质改善了，原来不常见的鱼、鸟又重新看到了。"赵彦光希望，未来家乡在变成国际化一流城市的同时，白洋淀的环境也能够更加优美，淀水更加清澈。

（新华社石家庄 2017 年 4 月 21 日）

第 三 章

雄安新区与白洋淀的沧桑浪漫

①

选址·功能·开发：设立河北雄安新区热点三问

日前，中共中央、国务院印发通知，决定设立河北雄安新区。雄安新区是继深圳经济特区和上海浦东新区之后又一具有全国意义的新区，是千年大计、国家大事。为何要设立这一新区？新区选址基于怎样考虑？将会带来哪些影响？就社会各界关注的一些热点问题，京津冀协同发展专家咨询委员会组长、中国工程院主席团名誉主席徐匡迪院士接受了新华社记者的采访。

选址：与北京城市副中心共同形成北京新的两翼

问：已经在北京通州建设北京城市副中心了，为何还要设立河北雄安新区？

答：推动京津冀协同发展是以习近平同志为核心的党中央提出的一项重大国家战略。京津两地过于"肥胖"，大城市病突出，特别是河北发展与两地呈现"断崖式"差距。实现京津冀协同发展，是新形势下引领新发展、打造新增长极的迫切需要。

设立雄安新区有利于集中疏解北京非首都功能，有效缓解北京大城

市病，与北京城市副中心共同形成北京新的两翼；有利于加快补齐区域发展短板，提升河北经济社会发展质量和水平，培育形成新的区域增长极；有利于调整优化京津冀城市布局和空间结构，拓展区域发展新空间，对于探索人口经济密集地区优化开发新模式，打造全国创新驱动发展新引擎，加快构建京津冀世界级城市群，具有重大现实意义和深远历史意义。

从国际经验看，解决大城市病基本上都是用了"跳出去建新城"的办法；从我国经验看，通过建设深圳经济特区和上海浦东新区，有力推动了珠三角和长三角地区的发展。京津冀协同发展瞄准的是打造世界级城市群，规划建设雄安新区是这项战略的重要组成部分。

问：新区规划范围涉及河北雄县、容城、安新3县及周边部分区域。为什么选择在这个地方？

答：这是综合考虑了交通、地质、水文、建设成本等方面因素，经过反复深入论证选定的。这里交通便捷、环境优美，现有和已经在规划多条城际铁路和高速铁路。另外，这个地方人口密度低、开发程度低，发展空间充裕，如同一张白纸，具备高起点高标准开发建设的基本条件。

功能：积极承接北京非首都功能疏解任务

问：雄安新区承接北京非首都功能疏解，要发展哪些产业？

答：承接非首都功能疏解是设立新区的首要任务。承接的疏解功能要符合新区发展要求，同时也要根据疏解功能有针对性地优化新区规划空间布局。要增强新区的自我发展能力，重点是要紧跟世界发展潮流，有针对性地培育和发展科技创新企业，发展高端高新产业，积极吸纳和集聚创新要素资源，培育新动能，打造在全国具有重要意义的创新驱动发展新引擎。

问：雄安新区如何发挥区域带动能力？

答：要发挥带动冀中南发展，提高河北省整体发展水平，乃至影响全国的重要作用。

开发：新区建设将走一条新路

问：决定设立河北雄安新区的消息发布后，大家都很关心：新区将如何建设？

答：按照中央要求，新区建设要走出新路。新区建设过程中要充分体现京津冀协同发展中河北"新型城镇化与城乡统筹示范区"的定位，探索在人口经济密集地区优化发展的新路。重点要因地制宜地制定政策，做好现状传统产业的整合和升级，做好就业保障；统筹好移民搬迁和城镇改造，让搬迁农民融入城镇生活；积极探索体制机制改革创新。

习近平总书记强调，规划建设雄安新区，要在党中央领导下，坚持稳中求进工作总基调，牢固树立和贯彻落实新发展理念，适应把握引领经济发展新常态，以推进供给侧结构性改革为主线，坚持世界眼光、国际标准、中国特色、高点定位，坚持生态优先、绿色发展，坚持以人民为中心、注重保障和改善民生，坚持保护弘扬中华优秀传统文化、延续历史文脉，建设绿色生态宜居新城区、创新驱动发展引领区、协调发展示范区、开放发展先行区，努力打造贯彻落实新发展理念的创新发展示范区。

就是说，雄安新区建设要坚持国际一流水准，实现生态宜居、和谐共享。

问：新区建设将如何规划白洋淀的发展？

答：新区开发建设要以保护和修复白洋淀生态功能为前提，白洋淀生态修复也离不开整个流域的生态环境改善。要从改善华北平原生态环境全局着眼，将白洋淀流域生态修复作为一项重大工程同步开展工作。重点要优化京津冀的水资源管理，提高水环境治理标准。

2

一淀芦苇一淀金——雄安新区踏访记

　　四月的白洋淀，春风拂面，新苇吐绿。这淀芦苇，曾掩护雁翎队打鬼子，留下《小兵张嘎》等名篇；这淀芦苇，曾是养家糊口的"摇钱苇"；这淀芦苇，也曾是令人厌弃的累赘。而雄安新区的落子，又使这淀芦苇成为"无价之宝"。

这里是个好地方

　　由海而湖，由湖而陆，历经千万年的反复演变，古老的白洋淀为人类留下一片秀美的湿地风光。偌大的淀区被 39 个村落、3700 多条沟壕、12 万亩芦苇分割成大小不等、形状各异的 143 个淀泊。

　　64 岁的船夫杨德顺轻舟熟路，载着记者穿行在沟壕、苇荡间，水面时而狭窄，时而宽阔。"抗战时期，这些苇子掩护八路军雁翎队打鬼子。我们靠水吃水，白洋淀自古就有'一淀芦苇一淀金'的说法，芦苇是过去淀区百姓主要的经济来源。生产队挣工分，一个月能挣 60 元，那时候三级工才拿 52 元钱。"

　　上世纪六七十年代，芦苇是重要的生产物资。淀区深处李庄子村一户农家里，编苇机虽然已经锈迹斑驳，但可以想见每年霜降后收获芦苇的景象：男人下水割苇、打捆、运输，女人在岸上编织苇席，一辆接一辆的马车、卡车、拖拉机从白洋淀出发，将物资运往四面八方的砖瓦厂、造纸厂和城市农村，支援国家建设。

世代择水而居，上年纪的老人对白洋淀满是回忆。赵庄子村76岁的赵雁林在水边生活了一辈子，对水、鱼、鸟如数家珍，像一本关于白洋淀的"活字典"。"早在1958年，我就陪着中科院考察白洋淀和上游河流，那时候淀里的鱼有300多种。直到20世纪80年代初，淀里的水舀上来就能喝。"他说。

白洋淀属九河下梢，府河、漕河、瀑河、拒马河等多条河流在此交汇，形成华北平原最大的淡水湖，对维护湿地生态系统平衡、调节华北平原及京津地区气候、补充地下水和保护生物多样性发挥着重要作用，被形象地称为"华北之肾"。

白洋淀内的芦苇荡

新华社记者 牟宇 摄

四面环水的王家寨是一个有 5000 多人的大村，十字街上商贩云集，灰砖白墙前，一些妇女用铁针结扎渔网，手法娴熟。45 岁的任泳长坐在凉棚里，看着大小船只进进出出，悠然自得。"别看在这岛上，米面油得花钱买，比县城还贵一截，交通也不方便。可是，出门能见水，呼吸着好空气，心情多舒畅！白洋淀是个好地方，雄安选对了！"他说。

自家宝贝不能丢

大片大片枯黄的陈年芦苇不割多可惜？面对记者的疑问，大张庄村民朱来福说，现在，农村的砖土房和砖瓦窑基本不再使用芦苇；由于人工成本增加，收割芦苇的工费比芦苇的价钱还高，造纸厂也不用了；为了防止污染空气，芦苇烂在地里也不能焚烧。

"过去是个宝，现在没人要。"芦苇命运的转折，反映出生产生活方式发生巨变。伴随经济粗放式发展、工农业用水增加，再加上白洋淀上游数十座水库筑坝蓄水，9 条入淀河流除汛期外长年干涸，只有少数几条接纳生活及工业中水入淀。"1984 年到 1988 年，白洋淀连续干了 5 年，淀底能走马车、开拖拉机。后来通水，上游的脏东西都来了，鱼从新中国成立初的 300 种减少到 50 多种。"赵雁林告诉记者。

受干旱困扰，白洋淀面积从 20 世纪 50 年代的 500 多平方公里缩小到现在的 360 多平方公里。水位常年在 7 米左右徘徊，每年蒸发量与蓄水量相当，甚至"入不敷出"，只能靠人工调水补给，维持最基本的生态系统。从 1997 年到 2008 年，累计 16 次从上游调水 16 亿立方米。4 月 5 日，保定两大水库再次向白洋淀开闸放水。

另一个困扰是污染。白洋淀水域内和外围分布着 39 个纯水村、24

个半水村，生活着约 20 万人，居民和游客带来生产生活垃圾。记者踏访时看到，离村庄越近，垃圾越多，水质越差。大张庄是"羽绒之乡"，有 60 多家羽绒加工厂。据村民介绍，羽绒厂上了污水处理设施，但洗绒的污泥不好处理。

"白洋淀是全国人民的，大家要一起努力维护好。"70 岁的景区保洁员姜大江每天在大张庄附近固定的水域划船捡拾垃圾。他说："为了白洋淀，将来需要我们这些淀区人搬就搬，换个新环境挺好。"

是金子总会发光

"你看，凡是割过苇子的地方，新苇子钻得快，长得高。"船夫杨德顺一边开船，一边对记者说，苇子的特性是越割长得越好。芦苇是白洋淀一景，芦苇没了，游客看什么？再说，芦苇还能净化水质，涵养水源，是鸟栖息、觅食、繁殖的家园。

昔日的"黄金"真的毫无用处了吗？当地群众对芦苇很有想法：有艺术家用芦苇秸秆制作精美的芦苇画，成为白洋淀特产，远销各地；能不能装修居室，能不能生产高附加值的纸张，能不能制造可降解的塑料袋、餐具，能不能像竹子一样提取"苇纤维"？

芦苇是白洋淀的名片，白洋淀是雄安新区的金字招牌。白洋淀百姓相信，是金子总会发光。

党中央提出，雄安新区坚持生态优先、绿色发展，建设绿色生态宜居新城区。打造优美生态环境，构建蓝绿交织、清新明亮、水城共融的生态城市。

京津冀协同发展专家咨询委员会专家表示，雄安新区地处京津冀大气环境和水环境敏感地区，开发建设要以保护和修复白洋淀生态功能为前提，离不开整个流域的生态环境改善。要从改善华北平原生态环境全局着眼，重点要优化京津冀的水资源管理，提高水环境治理标准。

"既要恢复太行山森林植被，又要治理流域内水土流失；既要加强上游河道污染治理，又要解决淀区生产生活旅游排污；既要保证来水，又要定期弃水。"淀区干部群众认为，管水、绿化、治污、疏浚、清淤，治理白洋淀将是长期的系统工程。

赵雁林不以打鱼为生，却以打鱼为乐，经常划着小船，寻找水质最好的水域，打一些稀罕的鱼，带回来自己吃，或者分给邻居。"近两三年，水质有所好转，原来不常见的鱼，大鸨、天鹅什么的又能看到了。"

"华北之肾"要强壮功能，"华北明珠"要恢复光泽。雄安新区临时党委、筹委会负责人表示，白洋淀流域生态修复是新区规划建设的重大工程，绝不能因城废淀。雄安人民也相信，白洋淀金子般的生态价值正在回归。

（新华社雄安 2017 年 4 月 17 日）

3

守护好优秀传统文化和历史文脉

——雄安新区踏访记

雄安历史悠久，人杰地灵。这里镌刻着鲜明的红色印记，孕育了深厚的传统文化，传承了久远的历史文脉。

千年大计落子雄安，历史与未来在这里交汇，传统与创新在这里融合。雄安新区将带着"坚持保护弘扬中华优秀传统文化、延续历史文脉"的使命，开启新的文明创建之旅。

红色文化传统历久弥新

春日的阳光照耀在白洋淀的水面，波光潋滟。水边孩童打闹嬉戏，游船不时划过，留下道道涟漪。而70多年前，这里曾是水上游击战的战场。

白洋淀雁翎队纪念馆前馆长周润彪说，1939年，日寇攻陷新安（今安新）县城，开始扫荡白洋淀。

"到了秋天，雁翎队成立，初建时有渔猎户22人，每人自带火枪和小船。他们对火枪的性能非常熟悉，为了防止火药受潮，大家在火眼和枪口插堵上雁翎。"周润彪说。

雁翎队后来发展到近 200 名队员。他们在极艰苦的环境下，打日寇、锄汉奸、端岗楼、拿据点，先后同日伪军进行了大小 70 多次战斗，歼灭、俘虏日伪军数百人。

"置生死于度外、不怕牺牲，为了保卫家园奋起抗争，以雁翎队为代表的红色精神，极大地鼓舞了一代又一代人。"周润彪说。

安新县赵北口镇赵庄子村附近的津保航道是雁翎队伏击日寇的主战场，村史馆里存放着抗战时使用的枪支等老物件儿。76 岁的赵雁林说："这里的人们有豪侠之气，战争年代，很多老百姓自发保护干部、保护子弟兵。"

革命故事到处流传。66 岁的王木头一辈子都在讲述白洋淀畔的红色故事，他的岳父赵波是抗战电影《小兵张嘎》的原型。作为白洋淀抗战纪念馆的讲解员，18 年来，王木头划船行进约 3 万公里的水路，听他讲解的游客超过了 200 万人次。

"我跟岳父一起生活了 35 年。老人在晚年低调、朴素，但他的事迹却不普通。当时，他年纪小，点子多、胆量大、战功卓著，在战火的历练中迅速成长。"他说。

"很多人不知道安新在哪儿，但人们都知道白洋淀、知道小兵张嘎。革命前辈的事迹永远不会磨灭，他们的精神在新区建设中会得到传承弘扬，激励我们为美好生活而奋斗。"他说。

沧桑古韵源远流长

上溯千年，白洋淀流域曾是"燕南赵北""宋辽对峙"的兵家必争之地。战国时期，燕国和赵国在此地筑起防御工事，遥遥相对。宋辽对峙时期，这里既硝烟弥漫，又是边境贸易"榷场"最早的发源地。

"大家常说'燕赵大地多慷慨悲歌之士'，这可是有历史依据的。"对当地文化颇有研究的雄县退休干部郭贺明说，相传，荆轲刺秦的"风萧萧兮易水寒，壮士一去兮不复还"的英雄悲歌，就是从这里传出。

有一种主流的史学观点认为，今日白洋淀河湖港汊、河道交错的格局，最早形成于北宋时期。

"古代以水护邦，现代以水兴城，未来水城共融。"郭贺明以简约的话语，概括了白洋淀的变化脉络。

约一千多年前，白洋淀常因水而困，水大时泛滥，无法耕种，水小时不利于防边。有官员上书朝廷建议屯田戍边，遏制辽国骑兵。郭贺明说，官员为秘密勘察水势，组织了"蓼花游"，以赏花为名，暗测地形，筑建塘泊防线。

后来，历经治理，白洋淀里淀泊与河道相接，深处可以行船，浅处可以种稻、栽苇，形成稼禾四野之势。

三个县境内有众多文化遗存，如新石器时代遗址、春秋战国时期遗址、古战道等。周润彪说，雄县、安新、容城三县有独特久远的建置史，如今，他们有一个共同的名字：雄安新区。

"在新区的规划和建设中，要保存历史记忆、延续文化脉络，让传统文化继续在新区的建设中得到传承，内涵得到不断丰富。"他说。

淳朴乡风薪火相传

从容城通往安新的白洋淀大道上，有一座三贤文化广场。当地人引以为豪的"三贤"——元初知名学者刘因、明朝名臣杨继盛、清初大儒孙奇逢，是当地崇尚忠义淳朴乡风的标志。

"当年，杨继盛以国家利益为重，冒死揭发奸臣严嵩，后被打入监狱，哪怕家破人亡，也宁死不屈。他在大是大非面前的义无反顾，数百年来为容城人传颂和敬仰。"容城县志主编曹宏宇说，"三贤"的事迹滋养了一代代容城人。

忠义、善良、豪爽，历史延续下来的淳朴乡风，将在新区建设中发挥重要的基础作用。白洋淀王家寨村望月岛上，67 岁的陈茂拴跟老伴儿经营一家民宿，"五一"旅游旺季来临之前，家里人忙着用木船运来啤酒、可乐和零食。"这些年我受益于党的政策，生活越来越好。"老人说。一年下来，老两口经营的民宿能有 30 多万元收入。

"未来白洋淀要清污、疏浚，如果需要我们搬迁的话，我是老党员，我第一个搬，为了国家大事义不容辞。"陈茂拴说。

安新县三台镇聚集了 3000 多家大大小小的制鞋企业。新庄窠村党支部书记马双武说，为了新区的发展，很多企业必须淘汰旧设备、提升产业水平。"我儿子也经营了个鞋厂，雇了六七十个人，在当地规模算小的，不知道能不能留下来，但是家里人商量，不管怎样都要服从大局，服从新区建设，舍小家、为大家。"

记者采访所及，当地干部群众都表达了服从大局、积极支持新区建设的心愿。虽然旧家难舍，但乡亲们认为，作为雄安人，不能固守一己之利，让搬就搬，相信政府会安排好自己的生产生活。

"新区建设不仅会促进经济快速发展，也会带动一场社会风气的变革，未来新区应该保持现代性、开放性，但同时要避免泥沙俱下，要让新区成为一座道德之城、文明之城、创新示范之城。"郭贺明说。

资料链接

白洋淀：你是我最沧桑的浪漫

白洋淀是雄安新区最有浪漫气息的地方，因为水。白洋淀又是雄安新区中经历最多无奈和沧桑的地方，也因为水。

看惯了干枯河道和越打越深的机井，在华北平原上，一片烟波浩渺的水域当然让人心旷神怡。不过这水域早已不能靠自身水源正常补水，还时时面临污染侵袭。白洋淀，诗意存在的背后，经历了太多的无可奈何和得过且过。

一

"要问白洋淀有多少苇地？不知道。每年出多少苇子？不知道。只晓得，每年芦花飘飞苇叶黄的时候，全淀的芦苇收割，垛起垛来，在白洋淀周围的广场上，就成了一条苇子的长城。"

知道白洋淀是从孙犁的《荷花淀》开始的，芦苇承载着白洋淀的浪漫。但1987年初次到白洋淀时，看到的却是干裂淀底上一丛丛枯干的芦苇，听到的是村庄为争抢苇源打斗的事儿。当时，白洋淀已彻底干涸5年，走船的河道成了行车的土路，坑洼不平、尘土飞扬。有水时村子以水为界，芦苇到处是，谁割多少无所谓。没水，苇子少了又没有明确村界，浪漫的芦苇就成了被抢夺的生存资源。

那是白洋淀千余年来最彻底的一次干涸，当时，人们还在淀中心发现了汉代遗址和汉墓，说明汉代时淀中心不是汪洋。白洋淀的沧桑，很大程度上是人为造成的，要改变自然环境，人们总有各自理由。

汉末，为统一北方，曹操开凿水路运输军粮，白洋淀一带有了片片水域，北魏《水经注》中记载："其泽野有九十九淀，支流条分，往往经通。"宋初，为阻挡辽兵，从赵匡义开始，修堰积水建"塘泺防线"，在雄安形成水乡泽国，苏辙曾来雄县，感叹："燕南赵北古战场，何年千里作方塘。"

20世纪中叶，白洋淀水流顺畅，行船可到天津，但洪涝较多，民国时便"十年九涝"。之后为根治海河，上游兴建水库，下游强排减蓄，防涝的同时影响了白洋淀水量，这一时期，人们为解决吃饭问题，还提出向淀底要粮，毁苇造田。

白洋淀属于平原半封闭式浅水型湖泊，水大了涝，水少了干。水位低于6.5米属干淀，资料显示1517年到1948年发生过四五次干淀。但20世纪60年代后干淀频发，特别是1983年到1987年，彻底干涸。

干涸后的白洋淀，芦苇枯萎、鱼虾灭绝，随处可见被抛弃的渔船，听任残破干朽。当时，作家乔迈在《中国：水危机》中感叹，我们的白洋淀，昔日水域辽阔、芦苇丛生、水鸟群集，如今只留在孙犁优美的小说里边了。

好在到了1988年8月，连续几天的大雨浇醒白洋淀。雨水和上游来水同时注淀，白洋淀重生，芦苇又成风景。

二

"一望湖天接渺茫，蒹葭杨柳郁苍苍"。也称蒹葭的芦苇在白洋淀生长已久，彻底干淀时人们还在淀底出土过栩栩如生的芦苇化石，但当时的芦苇正在旱地大量枯死。1988年至今，芦苇一直摇曳在水天相间的白洋淀中，这来之不易。

报载，今年 4 月 5 日开始，上游的王快水库和西大洋水库提闸放水，当地水利部门称，这将有效改善白洋淀生态环境，并可为雄安新区建设提供水资源支撑和保障。从 1996 年到 2016 年，白洋淀已先后实施 23 次应急调水。

在铺天盖地的雄安新闻中，这一条并不引人注意。20 年 23 次，已成寻常，但这例行的调水关系着白洋淀的存亡。

从 20 世纪 60 年代末起，白洋淀就需要人们用心呵护了。1972 年，周恩来总理专门召开座谈会研究白洋淀问题，"营救"行动，那时就开始了。

调水，上次彻底干淀前也尝试过，从 1981 年到 1984 年，从王快水库和西大洋水库等进行了四次调水，但终究没能避免白洋淀后来的彻底干涸。

1988 年以后，白洋淀的危亡与"解救"也发生了不止一次。2003 年 8 月起淀区水位降到 6.5 米以下，到 12 月更降到 5.1 米以下，如不补水，将再次彻底干涸。国家紧急组织了首次白洋淀跨水系调水，从属于南运河水系的岳城水库，经子牙河水系向白洋淀调水。流经 415 公里的来水使"华北明珠"逐渐恢复光泽。

2006 年白洋淀再次处于干淀水位，这次"救兵"已跨流域了，是从山东聊城引来的黄河水。半年之后，水位又降到了 6.5 米以下，"救兵"还是来自黄河。

很久很久以前，造就白洋淀自然面目的就是黄河，古黄河经河北入海，古白洋淀处于入海口冲积低洼地带。公元前 602 年黄河改道南去后，一些支脉河流沿故道入海，形成了白洋淀"九河下梢"的基本格局。

两千多年以后，黄河水几次回来"拯救"白洋淀。因为那9条河流大都已长期或季节断流了，仍能常年流入白洋淀的府河，带来的却是另一个沉重的话题。

三

"最好／在一个荒芜的地方安顿／我的生活。／那时／我将欢迎所有的庄稼来到／我的田野。"这是芒克1974年在白洋淀写的诗。现在看来，像个预言。雄安新区的"荒芜"成了优势，正欢迎着"所有的庄稼"。

白洋淀是个滋养艺术的地方，在中国20世纪文学史上可写两节，一节是40年代开始孙犁等代表的荷花淀派，另一节是60年代末到70年代中芒克等代表的白洋淀诗群。

北岛曾写道："白洋淀的广阔空间，似乎就是为展示时间的流动——四季更迭，铺陈特有的颜色。不少北京知青到这儿落户，寻找自由与安宁。"在这片浪漫的土地上，他们用意象、隐喻的诗句书写迷乱、挣扎的心绪。"那冷酷而伟大的想象／是你在改造着我们生活的荒凉。"后来人们把他们称为白洋淀诗群，是几年后风靡一时的"朦胧诗"之先导。

有研究者认为，相对于边远地区建设兵团和军垦农场，白洋淀水乡管理上较为宽松，而且是鱼米之乡，生存压力不大，这些年轻人有足够时间进行自我的艺术表达。据白青回忆"美丽的白洋淀，友善的人群，村风的淳朴，使无以为诉的小知青们自然跌入酒神状态"。

芦苇、白洋淀，就这样又一次进入文学史。"如果你还记得我／那些被收割的芦苇在一片片倒下／淀子已进入了深秋后的开阔／脚下落下很软／隔岸，我听到了你的呼唤。"

在这浪漫背后，当时，白洋淀已开始面临缺水之外的另一个沉重话题。

就在芒克写下预言般诗句的那一年，据《安新县志》记载，保定市日排污水 16 万吨，直接排放到府河进白洋淀，流程 20 公里，多种有害物质使白洋淀污染三分之二，淀区鱼虾产量由 5500 吨下降到 645 吨，蟹年产量从 750 吨至绝产。与此同时，白洋淀周边地下水也受到污染，酚含量超高 3 倍，砷含量超高 2 倍。

也是在 1974 年，在国家建委一份《白洋淀污染严重急需治理》的材料上，李先念副总理批示："这个问题必须迅速解决，否则工厂应停。"他要求国家建委派工作组协助地方限期解决水污染，"因为这是关系到人民生活的大事，决不能小看"。随后，地方政府提出"工厂根治、淀污分离、截蓄灌溉、化害为利"的治理方案。

从那时起，共和国较早的治理水污染行动就在白洋淀展开了。直到现在。

四

"遥看白洋水，帆开远树丛。流平波不动，翠色满湖中。"这是康熙皇帝的诗。在他任上多次治理白洋淀水患，且 40 次到白洋淀，对这浪漫的大湖情有独钟。

为方便驻留，康熙在白洋淀建了 4 处行宫，沧桑变化，均已无存。前些年当地重建了个康熙行宫，规模不算大，御书房、御膳坊倒一应齐全。是在个景区里面，其实就是新建个旅游点，以前淀区以苇为粮，这些年来，旅游就成了白洋淀的新"庄稼"。

1989 年第二次去白洋淀，花十元钱，租条渔船在淀里转了半天，船家聊了不少来水后的麻烦：种的玉米被淹了，旱时买的马车没用了，养的鸭子是旱鸭不会在水里找食等等。但让他高兴的是，租船进淀的人越来越多了。

1993 年到白洋淀，参加当地举办的荷花节，是政府为发展旅游兴办的节庆，那已经是第三届了，到一些旅游设施参观，记得有个水泊梁山宫，是个在岛上的建筑，里面有些泥塑，还有些场景，景阳冈打虎啥的，加上了声光电的效应，据说投资 900 万元。

2004 年走访白洋淀，当地拆除了水泊梁山宫。梁山好汉中虽不乏河北人氏，但和白洋淀没多少关系。送走"梁山好汉"，请回"小兵张嘎"。新建了嘎子村、雁翎队纪念馆。嘎子村是展示淀上风情的民俗村，雁翎队纪念馆里再现雁翎队打击日军历史。

抗战时期，白洋淀留下不少传奇故事。孙犁不是白洋淀一带的人，抗战时期也不在这里。1937 年他在淀区的同口镇当了一年小学教员，后到太行山参加革命，《荷花淀》是他在延安时，听冀中来人讲白洋淀抗日故事时，结合对水乡的记忆写出的。

1947 年孙犁重访白洋淀，写了篇《一别十年同口镇》。其中写道："这次到白洋淀，一别十年的旧游之地，给我很多兴奋，很多感触。想到十年战争时间不算不长，可是一个村镇这样的兑蜕变化，却是千百年所不遇。"

陈调元是民国一级上将，同口镇人，曾任山东省和安徽省的省主席，成名后在家乡填了个大坑建起座庄园。孙犁写道：当教员时"没有身份去到陈调元大军阀的公馆观光，只在黄昏野外散步的时候，看着那青砖红墙，使我想起了北平的景山前街。那是一座皇宫，至少是一座王爷府。他竟从远远的地方，引来电流，使全宅院通宵火亮。对于那在低暗的小屋子生活的人是一种威胁，一种镇压。"

孙犁重访时，住着的已是贫苦农民，"穷人们把自家带来的破布门帘挂在那样华贵的门框上，用柴草堵上窗子。院里堆着苇子，在方砖和洋灰铺成的院子里，晒着太阳织席。"

后来，庄园里建起学校。再后来，成了文物保护单位。前几年看时，庄园在周围不断更新的建筑中已显颓败。今年再访，开始整修了。它将恢复"一座皇宫，至少是一座王爷府"的旧貌，不过不再属于个人，也再不会是"一种威胁，一种镇压"，"低暗的小屋子"已经远去。

白洋淀素有北地西湖之称，多年来，和西湖相比，虽也有美景与传说，但更多的是沉重和无奈。

雄安蓝图一出，这片饱经沧桑的浪漫水域，有望告别"苟且"，成为长久的诗和远方。

（原载于《新华每日电讯》，作者王文化）

雄安，慷慨悲歌化春泥

2017年4月的雄安，如一张崭新的白纸，铺开伟大的希望。由此往前，漫长岁月，这片土地上也曾寄存过不少心愿，见证过许多努力。此刻，回望冀中平原腹地的历史云烟，更激励中华儿女建设一个雄且安的中国。

一

雄县县城西边不远，有个叫一片楼的地方，包括杨西楼、红西楼等，都是村名，前些年还是田野农舍，现在有了楼，但许久以前，这一带确实曾有一片楼，一片非常壮观的楼。

据《三国志》公孙瓒传记载：公孙瓒打了几次败仗后，退到易京固守。建了十环（十道圆形壕沟），环内筑土堆，土堆上盖房；中间土堆高十丈，他自己住，还存粮三百万斛（一斛为十斗）。当时的易京就在现在一片楼一带，裴松之转引王粲《英雄记》中交代，公孙瓒的部将都在这里盖了房，有上千座楼。

至于那片房产，《三国志》说"绍为地道，突坏其楼"。《三国演义》说"被袁绍穿地直入瓒所居之楼下，放起火来。"打地道直入楼之下应是在土堆之中，如何能放火烧楼。还是《英雄记》说得详细，是挖地道到楼下，支上柱子开挖，边挖边支，估摸着把楼座的一半挖空了，放火把柱子烧掉，造成楼房倒塌。那是在公元199年，从那以后，这就沉寂了，后来只留下一片叫楼的村庄。

袁绍时任冀州牧，冀州城在衡水湖边上，现在属衡水市冀州区，距衡水中学不远，走大广高速到雄县两个来小时车程。古城还有土墙残存，2013年被列为全国重点文物保护单位。公孙瓒的楼群早已了无痕迹，元代有个叫陈孚的诗人路过雄县，写了一首《过雄州》，其中写道"百楼不复见，草白寒雉鸣。鸣角角，黍纍纍，昔谁城此公孙瓒。"昔日百楼旧地，只有野鸡声鸣角角，黍子成片丛生。房子没了，公孙瓒的名字留了下来，还不只留在典籍、影视和游戏中。雄县有昝岗镇、西昝村，容城县有昝村等，当地人说，这个昝就是从公孙瓒的瓒字衍化而来的。

昝岗镇在雄县县城的东北，是雄县除县城外的第二大镇。从20世纪80年代起，这个镇就从京津引来技术和人才，发展乡镇企业。多年前曾走访过这镇里的一个企业，是一位从天津来的技术人员带头兴建的。前些时间再到雄县，遇到这个镇里的人，他还记得20世纪80年代那家企业盖起了一座楼，他说，那是当地最早的楼。

二

雄安一带的地道故事，袁绍只是开了个小头。人们已在雄县以及周边的永清、霸州等地发现了分布上千平方公里的古地道，令人不解的是，这样浩大的工程正史上没有记载。

雄县的古地道是 1964 年发现的，1982 年文物部门进行开掘，鉴定认为是宋代作战用地道，通到霸州。与北京新机场相邻的永清县清末就有发现古地道的记载，1988 年进行系统探查，也认定为宋代作战用地道，与霸州的古地道相通。这意味着，一千年以前，今雄安新区境内有一条地下通道，蜿蜒近百公里到现在北京新机场附近。

几年前到古地道探访，地道距地面 3 米以上，地道中既有掩体、闸门等军用设施，也有灯台、土炕、气孔等生活设施。举烛前行，曲曲折折，有时可直立行走，有时需弯腰前进。青砖砌成的拱门、洞壁上的灯台保存完好。可探的古地道不长，为保护许多发现点都回填了，究竟有多长，还是个谜。

这一带在抗日战争时也以地道战著称，但古地道与抗战地道不同。抗战地道大都是土洞，古地道全部用砖石砌成。正因为此，抗战地道距今不过几十年，还能找到当年活跃在地道中的人。而当时总计万里以上的冀中抗战地道，能原样存世的不过数百米，且还需努力保护。古地道虽历经千年，却依然大面积留存，只不过我们不知道修建、使用这些地道的是谁。

当地人认为是杨六郎。北宋时雄安是宋辽对峙前沿，宋将杨延昭（杨六郎）抗辽故事在当地相传已久。河北民歌《小放牛》中有句"杨六郎把守三关口"，杨六郎是山西人，不少人认为三关是山西宁武关、偏头关和雁门关。不过从《宋史》记载看，杨延昭主要任职和战绩在保定，曾任保州缘边都巡检使、高阳关副都部署等，是雄安一带驻军首长，所以这三关是瓦桥关、益津关和淤口关。瓦桥关原址在雄县县城里面，也叫雄关，1946年拆毁。

中国社会科学院等单位的学者曾来实地考察古地道，分析认为是北宋防御辽国的永备军事工事，应该是政府投资的国防项目，杨延昭长期在此任军职，说是他主持修建或者参与修建也不无道理。但这只是推断，我们可以知道的是，在宋辽对峙的百余年里，在雄安一带发生过许多勇武与谋略的故事，浸过汗水和血水，响过哭声和笑声。

《宋史》中记载，杨延昭守遂城时，城小防备设施不足，辽兵强攻不已，军民心生恐惧。他把青壮年都集合起来发放兵器，登城墙守卫。正逢天寒地冻，抽水浇在城墙上，冻成冰墙，又硬又滑，辽人无奈只好退兵。

李允则守雄州时，打破边城元宵节不燃灯的惯例，张灯结彩、彻夜狂欢，引得辽幽州统军想混进来看热闹。李允则带人在城外等，看到有穿紫色衣服的契丹人来，就跟着来人进酒店，也不说话，召来女奴陪着一顿大喝，还把来人骑的骡子拴在走廊边，让他想跑就跑。几天后，这位统军被自己的朝廷杀了。从情节脉络看，双方都有卧底。幽州统军是辽国南部军事要人，与《天龙八部》中萧峰当过的南院大王或有一比。小说的书根是萧远山被误为辽国奸细遭截杀，宋辽边境确实谍影重重，多位历史学者研究过双方在雄县的间谍活动，有不少无间道故事。曾有人建议拍部古装谍战剧，以提高知名度。

三

雄安一带昔称临易、易京，因为临近易水，"风萧萧兮易水寒"的易水，

"此地别燕丹，壮士发冲冠。昔时人已没，今日水犹寒。"在这片土地上，慷慨悲歌的壮烈史不绝书。

有个场景读过之后便难忘记，狱中，一个囚犯被打得血肉模糊，腿上棒疮溃烂，狱方拒不提供医药，这人打碎茶碗，以瓷片当刀，自己割去腐肉，清除断筋，狱卒被吓得体如筛糠，他却意气自如。这是《明史》里的记载，他叫杨继盛，容城人。

杨继盛是农民的儿子，在放牛和耕田的间隙顽强求学，晚上读书没灯就借月光和雪光。32岁考中进士，凭才干很快升入兵部任司局级干部，却因坚持原则得罪权臣，被贬到甘肃临洮当了连科级干部都不是的典史，后严嵩示恩将杨继盛连连提任，官复原职。常有人从这升降中领悟，应该怎样经营人生，如《人民的名义》中的祁同伟，被分配到乡镇司法所就知道了娶省领导女儿的重要性。但杨继盛却从中看到了权臣的危害，誓死一搏。写下数千字的《请诛贼臣书》，上书历数严嵩的"十罪五奸"，被史家称为"明史上第一大奏牍"。之后，出现了那个让人难忘的场景。

据明清留下的地方志和文集显示，杨继盛走上刑场时留下两首诗：一首"浩气还太虚，丹心照万古，生前未了事，留与后人补。"另一首"天王自圣明，制度高千古，平生未报恩，留作忠魂补"。这两诗颇有意味，第一首像是写给历史的，第二首却像是写给现实的，留给历史的是浩气和丹心，想让皇帝知道的是圣明和忠魂，这不矛盾，他属于历史也属于那个时代。《明史》中取前首的前两句和后首的后两句合为一首，有些不伦不类了。其后七年，严嵩被查。又五年，杨继盛案昭雪，谥号"忠愍"，建旌忠祠。

如今北京和保定市区都有纪念杨继盛的祠堂，在他的家乡容城北河照村也有，这个现今有300多户人家的村子，还住着他的后人，说是十五代了，种田仍是主要收入来源之一，也加工毛绒玩具。村委会楼上有"秉忠臣铭训　思一心为民"十个大字，楼前则立着"革命烈士永垂千古"的纪念碑，是纪念抗日战争时期牺牲的 24 位村民。

狼牙山五壮士当时牺牲了 3 人，其中两人是容城人，胡德林、胡福才。

四

抗日战争时期，雄安一带属冀中军区十分区。

冀中军区四面环敌，战事频繁，许多抗战文艺作品都出自冀中：《烈火金刚》《平原游击队》《敌后武工队》《地道战》《小兵张嘎》《平原枪声》等等，感人的文艺作品背后是血与火熔铸的不屈和抗争。

十分区艰苦、复杂、残酷的程度，在冀中军区里也是有名的，因为这里距被日军重兵据守的北平、天津、保定都太近了。

雄县米家务镇位于昝岗镇的东北，是当时的十分区党政机关所在地。1985 年这里建了烈士陵园，两位开国将军来为陵园揭幕，他们是原十分区司令员和政委，刘秉彦、旷伏兆。2015 年到陵园拜谒时，意外看到了这两位将军的墓地。原来他们当年有个约定。

刘秉彦是雄安附近蠡县人，抗战前是北京大学学生。旷伏兆来自江西永新，是老红军。他们有个战友叫任子木，任参谋长。一次战斗中任子木负伤，牺牲在刘秉彦和旷伏兆身边。二人把任子木安葬后约定：死后埋在平津保三角地带，和牺牲战友一起，为人民"站岗"。1996 年旷伏兆逝世，如约将骨灰安葬在米家务。两年后，刘秉彦的骨灰也在离旷伏兆墓几米远的地方安葬。

他们陪伴着的还有米家务地道战中遇难的同胞。1945 年 5 月，日伪军出动三千多人扫荡。当时米家务也有地道，刘秉彦、旷伏兆指挥开展地道战，击毙日伪军60多人，这战果来之不易，真实的地道战远比电影上的冷酷和惨烈。据亲历者李贺臣回忆，日军进村后首先就熟练地破坏地道，先用门板和柴火秸堵上射击孔，再在汉奸引导下把地道分段挖掘，挖开大口子用门板插上，一段一段抓人、杀人。我军在地道里开机枪，震下的土落在枪栓上，就拉不开栓了，等周围部队和民兵赶来后才击退了敌人。

这场战斗共有71名军民遇害，作家秦兆阳当年也在十分区战斗生活过，他和刘秉彦、旷伏兆一起参加了米家务烈士陵园揭幕式，当场作画《傲雪梅花图》，题诗："若非一条寒彻骨，怎得梅花遍地开。"

这个烈士陵园纪念碑碑文中写道：我们叫不出烈士的全部名字，但是我们知道他们为了千千万万的母亲和子孙后代做出了巨大贡献。战争的胜利，标志着中国历史上一段暗无天日的旧时代的终结。先烈的光辉事迹，激励我们走向富饶。江山自有烈士业，应领风骚百万年。

前人无数斑斓化作春泥，期待后人在这片古老又崭新的土地上开放更美丽的花朵。

（原载于《新华每日电讯》，作者王文化）

第 四 章

从深圳、浦东到雄安

①

国家级新区、经济特区、开发区、自贸区……有何区别？

雄安新区规划范围涉及中国河北省雄县、容城、安新 3 县及周边部分区域，地处北京、天津、保定腹地，起步区面积约 100 平方公里，远期控制区面积约 2000 平方公里。

在我国改革开放进程中，各种"区"层出不穷。

改革开放伊始，国家设立了深圳等"经济特区"，区内实行特殊政策；

80 年代中期，又分别先后建立 14 个"沿海开放城市"和设定沿海地区的一些市、县和沿海开放城市所辖县为"沿海经济开放区"；

伴随着改革开放的深化，不断有"经济技术开发区"和"高新技术开发区"在全国范围内陆续成立，能够进入"开发区"的企业享有一定的优惠政策。

90 年代初期，又陆续出现了 10 多个"国家级新区"，近些年又设立了"自贸区"等等。

"区"里的道路探索

为什么会不断设立各种"特区"、"开发区"、"新区"？

清华大学经济学研究所所长刘涛雄教授曾撰文分析：改革开放之初，对于推进改革和发展，大家的认识不一致，在全国统一推动改革开放的话，许多措施不一定都行得通。

在此背景下，开始在不同的地方设立比较特殊的区域来促进开放和发展，除了最早设定的"经济特区"，还有后来开辟的"沿海开放城市"和"沿海经济开放区"，和在这个过程中建立的"开发区"和"高新区"，均是前期推进开放和改革战略的产物，一直延续到了现在。

比如，之所以建立"高新区"，正是因为通过一段时间的发展，上下一致认识到，高新技术的发展和高新技术产业的发展，更加需要特殊的政策扶持。

刘涛雄教授认为，当前，要解决发展中一些深层次的问题，特别是破解一些制度上的瓶颈，既和技术产业特性有关，也和地理区域特性有关，既和整个社会治理有关，又和管理体制及政府的政策等很多方面有密切的关系，所以就需要更综合的措施来解决这样一系列问题。

"国家级新区"正是在这样的思路之下应运而生，从政府管理、社会治理，到各项政策落地落实，再具体到市场与企业组织，多渠道多角度综合入手，探索发展新模式。

各种"区"有何不同？

1. 国家级新区

国家级新区主要是行政区划调整的一种措施，由中央政府批准设立并拥有相应的配套政策。新区的地理范围比较小，通常是一个市内的某一个区域。

"国家级新区"的布局更多地会考虑怎么样通过新区的建设带动区域的发展，成为一个区域的增长极，改变整个区域的发展态势，有辐射效应。

比如：上海的浦东新区对长三角、东南沿海及沿江的经济增长都有不同程度的带动作用；重庆的两江新区，对重庆整个地方的经济增长和发展的带动作用十分明显。

目前，如果算上河北雄安新区，国家级新区总数为 19 个。

2. 经济特区

为了稳妥推进改革，中国一直采取先局部试点、再推广经验的渐进

式改革策略。

改革开放早期，曾设立深圳、珠海等几个经济特区，区内实行特殊的政策。综合改革试验区与特区在性质上比较接近，但"试验"内容更明确。比如，有的针对城乡协调发展问题，有的针对资源环境问题等。

3. 开发区

"经济技术开发区"既着眼于产业发展的规律又着眼于区域发展规律。

特别是在 20 世纪八九十年代的时候，不同的产业之间如何互补，突出产业的集聚优势，政府都要发挥较大的作用。能够进入园区的企业享有一定的优惠政策，比如优惠提供工业用地和税收减免。

4. 高新区

"高新技术产业开发区"更多的是着眼于产业发展规律。高新技术产业在发展初期需要政府的扶植加以培育。

科技部对于"高新区"的介入甚至都细化到了产业的指导目录，也就是说，哪个地方的高新区应重点发展何种产业，都有着明确的规定。

5. 自贸区

自贸区即自由贸易区，园区内的生产、贸易和投资活动适用的关税、审批和管理政策灵活。

各种"区"相互之间并不是排斥的，同一个地方可以同时具备多种"区"的身份。

雄安新区不同于一般意义上的新区

京津冀协同发展专家咨询委员会副组长、中国工程院院士邬贺铨在接受媒体采访时表示，雄安新区作为北京非首都功能疏解集中承载地，将在打造以首都为核心的世界级城市群的布局和调整优化京津冀空间结构中起到关键作用。

通过建设雄安新区，将探索人口经济密集地区优化开发的新模式。

可见，雄安新区不同于一般意义上的新区，其定位首先是疏解北京非首都功能集中承载地。

中国国际经济交流中心首席研究员张燕生认为，深圳特区的使命是让世界进入中国、让中国融入世界，是窗口和桥梁的作用。

浦东新区最重要的是金融发展和国际化。雄安新区承载的使命就是创新，今后应该是中国成为创新型现代化国家的心脏区域，是中国的"硅谷"。

中国社科院研究员陈耀看来，当年说浦东新区是一个政策最优惠的地区，"比特区还特"，所以，雄安新区很可能按照"特区"的模式来发展。

雄安新区的远期规划面积达到 2000 平方公里，与深圳相当，比浦东要大。正因如此，它未来的拉动能力不可小觑。

按照要求，雄安新区将成为绿色生态宜居新城区、创新驱动发展引领区、协调发展示范区、开放发展先行区，这样的发展思路也与深圳特区、浦东新区一样，为城市发展提供探索新的发展路径，也将在未来为很多区域疏解、承接起到示范作用。

资料链接

前有深圳、浦东，今天的雄安新区潜力有多大

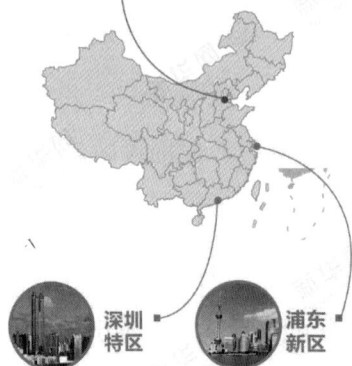

基本情况

雄安新区

范围：涉及河北省雄县、容城、安新3县及周边部分区域

面积：起步区面积约100平方公里
中期发展区面积约200平方公里
远期控制区面积约2000平方公里

深圳特区

面积：1991.64平方公里
人口：1137.89万（2015年）
成立情况：
1979年3月，国务院批复，同意将宝安县改设为深圳市，1980年，深圳经济特区正式成立。

浦东新区

面积：1210平方公里
人口：547.49万人（2014年）
成立情况：
1990年4月18日，中国政府决定开发开放浦东。
1992年10月11日，国务院批复：设立上海市浦东新区，撤销川沙县。

特色定位

绿色生态宜居新城区　　协调发展示范区
创新驱动发展引领区　　开放发展先行区

雄安新区

努力打造贯彻落实新发展理念的创新发展示范区

"四个中心"的核心区　　科学发展的先行区
国际经济中心　　国际金融中心
国际贸易中心　　国际航运中心
综合改革的试验区
开放和谐的生态区

浦东新区

国家综合配套改革试验区　　国家创新型城市
全国经济中心城市

深圳特区

中国特色社会主义示范市和国际化城市

潜力有多大

◆ 深圳特区

过去　1979年深圳市生产总值
1.79亿元

经济规模　2016年深圳市生产总值
19492.6亿元

进出口　2016年深圳市进出口总额
26307.01亿元
出口规模连续24年居全国内地城市首位

高新技术　2016年，深圳市高新技术产业实现产值
19222.06亿元

◆ 浦东新区

过去　1990年，浦东新区生产总值为**60.24亿元**，占上海市比重为**8.1%**。

经济规模　2016年，浦东新区生产总值8732亿元，占上海市比重达到31.8%。

金融发展　2016年，浦东新区各类金融机构累计超过1.1万家，金融业增加值占地区生产总值比重达27%。

招商引资　2016年，浦东新区实际利用外资70.4亿美元。

◆ 雄安新区

雄县经济规模：2016年，全县生产总值完成
101.14亿元

安新县经济规模：2016年1-11月，全县生产总值完成
40.01亿元

容城县经济规模：2016年，全县生产总值完成
59.4亿元

绿色生态宜居　　协调发展

以新发展理念为引领，
雄安新区未来潜力有多大？

开放发展
创新驱动发展

②

专访赵启正：浦东开发开放时，我们为何提出
廉政也是重要投资环境？

今年（2017 年—编者注）77 岁的赵启正被称为"浦东赵"，这与他长期在浦东工作有关。1993 年到 1998 年，他担任过上海市委常委、副市长、浦东新区工作委员会党委书记、管委会主任等职务。

今天是浦东开发开放 27 周年的日子。作为第一批开拓者，赵启正向解放日报·上观新闻回忆了当年的情景，用他的话说，"我能作为浦东进行曲的一个演奏员，真是三生有幸"。

一位美国记者问我，浦东开发需要 50 年吧？

解放日报·上观新闻：据说浦东开发开放之初，外界有不同声音。

赵启正：1990 年，我们宣布浦东开发开放，西方有些媒体说这不是一个实际行动，只是一句口号。这个论调相当广泛，以至于来上海的货币学家、诺贝尔经济学奖获得者弗里德曼，说浦东开发是"波将金村"。"波将金村"是国际大骗局的代名词。当年，俄国女皇叶卡捷琳娜二世的时候有个大臣叫波将金，他造了一座只有外墙的假村庄欺骗了女皇。

当时相信我们的西方重量级人物是基辛格博士。他说，"我看浦东开发是行动，不是口号"。到了1993年，一位对浦东开发认真采访的美国记者问我，浦东开发需要50年吧？我说不需要这么长，我们会把一个繁荣和廉洁的浦东呈现给世界。你看，折减去通货膨胀因素，到2009年浦东的经济规模已经达到1990年整个上海的两倍。这只用了不到20年。

解放日报·上观新闻：当时有的外国人对浦东信心不足，甚至不相信中国改革开放政策会成功。

赵启正：这不足为奇。那时，除了上海人之外，多数中国人都不知道浦东在哪里，更不用说外国人了。一次，一家美国航空公司总裁和我在和平饭店会谈，他望着黄浦江问我，"从这到浦东远吗，是上高速公路还是坐飞机去？"这说明在当时，浦东的知名度或在世界的"存在感"不够，就更不用说吸引外资到浦东来开发和合作了。

解放日报·上观新闻：浦东不够出名。

赵启正：既然浦东不够出名，就要想尽办法让它出名。当时我们想，能不能通过和迪士尼合作来宣传浦东。所以在1993年，我访问了迪士尼，当时他们的总裁弗兰克·威尔斯接待我。

我对他说，想给你上一课"浦东教程"，我给他讲浦东的哪些条件适合迪士尼"落户"，第一，这里经济发达，收入高；第二，海陆空交通方便和浦东机场的规划；第三，它位于长三角城市群中；最后介绍了浦东开发的大背景和土地储备等情况。

解放日报·上观新闻：听了介绍，迪士尼老板怎么回应？

赵启正：他说，他完全被说服了。我这次出访还没有回国，迪士尼就派团来上海考察了。结论是浦东适合开辟迪士尼乐园。不幸的是，两个月后，弗兰克·威尔斯在搭直升机去滑雪时撞山离世，这件事情也就中途停止了。

解放日报·上观新闻：虽然当时迪士尼项目暂停了，但浦东开发的脚步不能停。

赵启正：1993 年，浦东一年的财政收入只有 4 亿人民币，当时有多穷呢？我们除了发工资外，剩下的钱就要给幼儿园、小学、中学，这样就没有余钱了。在那种情况下，我们提出浦东开发要挖掘一切资源，要动员各种力量，包括企业力量、各省市力量、外资力量、先把基础设施搞起来。

我们当时写过一个标语，浦东开发不仅是土地开发、项目开发、经济开发而是社会开发，要争取社会的全面进步。

浦东开发不仅有丰硕的"硬成果"，还有弥足珍贵的"软成果"。

解放日报·上观新闻：那时候，中国大陆的开发开放与亚洲"四小龙（中国台湾、中国香港、韩国、新加坡）"不同，有其特殊性。

赵启正：现在回忆浦东开发时，有人会问"中国特色"体现在哪里？因为当时亚洲"四小龙"也在引进外资，搞出口加工区、高科技区、来料加工，一时经济发展也很快。

我们与他们不同之处在于，第一我们疆域太大，人口太多，地区差异很大，发展极不平衡。第二，我们的国际环境与他们很不相同。比方说，西方对"四小龙"在科技转让方面比较慷慨，在跨国金融流通方面也比较容易，在和"四小龙"贸易方面也是好商量的，不担心这些国家和地区发展会对他们形成挑战。

美国和欧洲对我们的态度就不一样，我们吸引高技术他们有审查委员会，这个不给那个不给，他们的大企业来到中国也要审查，至于贷款就更不可能了。他们的媒体惯于"唱衰"中国。因此，在与"四小龙"发展大不相同的环境中，我们取得了如此巨大体量的成功，体现出中国特色社会主义的成功。

解放日报·上观新闻：该怎么全面理解这个"成功"？

赵启正：人们在研究中国开发区的时候往往关注的是开发区建设的"硬成果"。所谓"硬成果"，是指那些能用数字描述的成就，包括基础设施、引进外资、外贸、GDP、教育、卫生等。一般并不太注意总结开发过程中的"软成果"。而"软成果"是研究中国特色社会主义中最不可忽略的要素。

如果说小平同志的中国特色社会主义理论是一棵大树，那么浦东这个分枝上也结了好多果实，其中的"软成果"就是浦东开发者在经济发展、社会进步、城市基础设施建设、跨国合作、转变政府职能、人才培养等方面的那些思路和经验。这些"软成果"是经过思考和实践证明的，是宝贵的。

基辛格说：浦东最宝贵的并不是大楼和工厂，而是你们的信用。

解放日报·上观新闻：等外商外企到了浦东，就有一个互相适应的过程。

赵启正：我们用很诚恳的态度和外国人对话。记得那时候我们说，我们刚搞开放，外国人在中国投资的法律还不完整，这个可以通过详细的合同来弥补，请他们放心。我们还说，因为我们的工作刚刚开始，工作效率不够高，但愿意听取他们的意见，加快工作效率。后来，为此还成立了审批"一条龙"办公室。

解放日报·上观新闻：告诉外商当时浦东的不足，不怕打击他们的积极性吗？

赵启正：他们还是愿意来，因为我们变透明了，没有把缺点藏起来，就取得了投资者的高度信任。记得在 1997 年，有一次我陪基辛格博士参观东方明珠，他望着浦东大地对我说，你看这么多的大楼，这么多的高科技产业，但是，浦东最宝贵的并不是大楼和工厂，而是你们的信用。

你想，当初这里是一片农田以及落后建筑，如果我们没有说到做到，最初来浦东投资的那批人几乎都要破产，建的宾馆没人住，建的工厂没工人，谁还敢再来？

解放日报·上观新闻： 有信用才会引来投资。

赵启正： 是的。有位日本企业家叫森稔，他的公司 Mori building 是日本最大，也是在全球名列前茅的房地产开发公司。

他对我们说，当时陆家嘴隧道出口有一大地块，你们拆迁了 3000 多户居民，人们都说浦东一定会拿来批租盖房子，你们却说要建绿地。森稔先生说，我相信浦东的政府，因此就在旁边建了一幢 9 万平方米的大楼。这幢楼建好后就看见了绿地，因此决定建第二幢楼，也就是现在的上海环球金融中心。这就是对浦东的一种信任。

当年，台湾的汤君年先生和他的夫人徐枫在浦东投资建高尔夫球场。他们对我说，他们花了很高价钱来投标，因为你们说要建浦东机场与高速公路，我们就来了。可见，我们的诚实、坦率再加上周密规划，是浦东开发开放能够成功的保证之一。

如果你不能放下稿子讲浦东，说明你没有过脑子，这不行。

解放日报·上观新闻： 在采访其他浦东开发亲历者时，他们都提到了浦东强调"规划先行"。

赵启正：这不是一句口号。就拿陆家嘴为例，我们请来了法国、美国、意大利和日本的规划师，加上我们中国规划师一起，分别设计。我们提出要在这 1.7 平方公里的范围内建设 400 万平方米面积建筑，供跨国公司的总部、银行、贸易公司在这里办公。这样就出了五个规划，最后由中国工程师把这五个规划统一建成了最后的执行规划。

解放日报·上观新闻："规划先行"要落到实处。

赵启正：在建成前，陆家嘴地区会是什么样，我们一清二楚，有精确的立体模型摆在那里。这块地就建这么些高楼，这么大的绿地，我们的水、电、气都要按规划来。正因为我们确确实实克服了随意性，没有边施工、边设计，边修改，所以才有今天的浦东。和外国的大城市比，的确如有人说的，到了浦东"不是出国胜似出国"。

上海浦东陆家嘴全景 　　　　　　　　　　新华社记者 蔡耀放 摄

解放日报·上观新闻：当时来浦东参访的外宾多吗？

赵启正：一天接待 8 个代表团不足为奇。我一再强调，接待外宾，不是礼仪接待，而是"思想接待"，要通过交流知己知彼。我们出国未必能见到那些国家的总统、总理与部长，但他们来上海了，我们从去机场接机开始，就有较长一段时间跟他们交流。礼仪是为内容服务，也就是说要介绍浦东、介绍上海、介绍中国。不能忙活了半天，握了手，吃了饭，换了片，最后还断了线。

我对浦东干部说，如果你不能放下稿子讲浦东，说明你没有深入了解情况，说明你对政策不熟悉，说明你没有过脑子，这不行。

解放日报·上观新闻：外宾也会惊讶浦东发展。

赵启正：当时联合国秘书长安南在浦东参观时说，浦东速度就是"一周一层"。他问我，你们能不能少盖一点，联合国的维和部队也需要中国参与。我说，这座大楼背后还有棚户区，要不要我带你去看看？

那个时候我们确实比较穷，今天我们的维和部队人数是联合国"五常"中最多了，因为我们现在有力量了。

当时来浦东投资的外国人问我们，保护知识产权有没有问题？

解放日报·上观新闻：您之前也说过，"把一个廉洁的浦东呈现给世界"。

赵启正：当时我们提出，廉政也是重要的投资环境。当时的中央纪委书记尉健行同志说，这句话说得好，把纪委工作和以经济为中心联系起来。我们还说，希望浦东开发成功之日，也是我们廉政成果显现之时。可惜，还是有个别同志落马了，很遗憾。

解放日报·上观新闻：在广义的廉政环境之内，知识产权保护也是一个问题。

赵启正：对的，纵容窃取知识产权也是不廉政的一种表现。当时来浦东投资的外国人问我们，保护知识产权有没有问题？他们担心，中国员工会把高级产品的图纸与工艺拿走，这样企业就垮了。

我们明确表态保护知识产权。我说，本人就是工程师出身也有过专利，明白发明一个专利是要很多成本的，也明白专利获得的钱还要投入新的研究。

解放日报·上观新闻：为此，浦东还做了一些尝试。

赵启正：浦东在全国成立了首家知识产权法庭，在法律界说这是知识产权法庭的"浦东模式"。过去，一个知识产权案件涉及民事、刑事好几个庭。后来，审理就只要这一个庭就够了。我们把这几个庭的法官合在一起成立知识产权法庭。后来，果然出现了好几件知识产权问题纠纷，但得到了公正的审判，最后外国投资者相信上海是认真保护知识产权的。

虽然说浦东做得不错，但是我们心里还是感念深圳以及其他几个特区。

解放日报·上观新闻：您一直说，浦东开发得到了全国的支援。

赵启正：浦东开发不只靠上海的自身努力，我们不要忘记最初投资浦东的几十家中国企业，他们作出了很大的贡献。因为外国人看到中国企业在浦东投资，心想中国人总不会把钱往死胡同里送吧，这是示范效应。

所以我说，一些外资企业选择落户上海周边地区，我们不要去计较。有些企业甚至跟我们商量，说浦东地价太贵了，我们推荐他们考虑去江苏和浙江。当时江苏同国际上的联系没有上海方便，我们建议不如把工厂建在江浙、总部设在浦东。另外，"Made in Shanghai"也容易在世界上打出品牌，他们很高兴地同意了我们的建议。

解放日报·上观新闻：在浦东之前，还有深圳特区。

赵启正：深圳的贡献绝不可忽略，很多披荆斩棘的事情是深圳做的。比如，土地批租他们先做了，当时有人说，中国的土地怎么可以批租给外国人？有人说搞股份制是资本主义，他们先做了。到浦东开发的时候，这些争论已经趋于平缓。我们做起来就容易一些。因此，虽然说浦东做得不错，但是我们心里还是感念深圳以及其他几个特区，他们走在我们前面。

解放日报·上观新闻：当时，还有人把浦东开发与香港联系起来。

赵启正：我去过英国议会。英国议员说，中国在恢复香港主权前开发浦东，是想让上海"压过"香港吧？

我说，不是这个意思。太平洋西岸有一条亚太经济走廊，途经东京、首尔、上海、台北、香港、直到吉隆坡和新加坡，那时还没有提出"海上丝绸之路经济带"的说法。香港是这条走廊上的明灯，上海也是明灯，并且正处于走廊中点。上海的机场扩大了，香港的飞机就可以途经上海；上海的港口扩大了，上海就有更多船舶能到香港。

解放日报·上观新闻：上海与香港更多是互补的关系。

赵启正：到了 1997 年香港回归前，BBC 专门从伦敦来采访我谈香港和上海的关系。我说，当世界上只有一台电话机的时候，这台电话机没用，电话机越多，这台电话机越有用。同样的，只有一个机场的时候没用，至少有两个机场才有用。上海要建成一个大的机场，你说对香港好不好？我告诉他们，两盏灯总比一盏灯亮。

解放日报·上观新闻：最后一个问题，您怎么评价在浦东的工作？

赵启正：浦东开发开放是在中国共产党领导下取得的成就，得到了各省市区的大力支持，我们庆幸有了这样一个机会。如果说浦东是一曲雄伟的交响乐，它的谱曲者是小平同志，指挥是党中央和上海市委，我能作为一个演奏员，真是三生有幸，我感恩这个时代。

③

雄安新区"新"在哪？

浩荡春风起，千年大计定。中共中央、国务院决定设立河北雄安新区的消息一石激起千层浪，连日来不仅刷爆了朋友圈，而且引起国际社会广泛关注。在这个被称为"千年大计、国家大事"的重大决策背后，有着怎样的战略谋划与发展考量？雄安新区，到底"新"在哪里？

看清大棋局，才能明白每一处落子的深意。雄安新区，是继深圳经济特区和上海浦东新区之后又一具有全国意义的新区，也是继规划建设北京城市副中心后又一京津冀协同发展的历史性战略选择。不论从改革开放的大布局来看，还是从京津冀协同发展的大战略来看，雄安新区的设立，既立足解决当前问题，又着眼长远发展大计，新意之中饱含深意。

以"新"破局，构建京津冀协同发展新格局。京津冀地缘相接、人缘相亲，地域一体、文化一脉，不仅历史渊源深厚，而且交往半径相宜，完全能够相互融合、协同发展。单丝不成线，独木不成林。京津冀发展的动力在协同，前景也在协同。作为推进京津冀协同发展的两项战略举措，规划建设北京城市副中心和河北雄安新区，一东一西，将形成北京新的两翼，为区域发展开拓"东成西就"新空间。中央从一开始就明确，规划建设雄安新区，要树立一盘棋思想，加强对新区与周边区域的统一规划管控，加强同北京、天津、石家庄、保定等城市的融合发展。只要各城市、各区域明确分工、错位发展，同时多在融合、协同上下功夫，就能在20多万平方公里的京津冀大地上形成优势互补、良性互动、共赢发展的新格局。

以"新"开路，探索用新发展理念建设现代化城市的新路径。破解"大城市病"，不仅是京津冀协同发展所要解决的突出问题，也是我国城市发展普遍面临的重大课题。从国际经验看，"跳出去"建新城是关键一招。习近平总书记明确指示，在河北适合地段规划建设一座以新发展理念引领的现代新型城区。雄安新区之"新"，最根本的是城市发展理念之新、发展路径之新。这将为破解"大城市病"、建设现代化宜居城市闯出新路子、提供治本之策。建设绿色生态宜居新城区、创新驱动发展引领区、协调发展示范区、开放发展先行区，建成国际一流、绿色、现代、智慧城市，构建蓝绿交织、清新明亮、水城共融的生态城市……这些颇具雄心的"雄安目标"，意味着雄安新区将是一座新发展理念的实践之城、示范之城，也是人们宜居宜业的理想之城、幸福之城。

以"新"立标，打造新时期改革开放新地标。"前有深圳、浦东，今天的雄安新区潜力有多大"？有媒体用这样的标题探讨雄安新区的发展前景。观区位，雄安新区地处北京、天津、保定腹地，区位优势明显、交通便捷通畅、生态环境优良、资源环境承载能力较强，具备高起点高标准开发建设的基本条件；察定位，作为北京非首都功能疏解集中承载地，责任重大、使命清晰；瞻前景，坚持世界眼光、国际标准、中国特色、高点定位，深化体制机制改革，扩大全方位对外开放，打造扩大开放新高地和对外合作新平台，眼光长远、目标宏大。曾有这么一句话，80年代看深圳，90 年代看浦东。站在新世纪的地平线上，我们可以充满信心地展望——21 世纪看雄安！

燕赵多慷慨之士，京畿亦人杰地灵。这里有"北国江南"的白洋淀，也有"易水秋声"的美景图；既保留了宋辽古战道，也贯穿着现代化的高速公路和铁路……放眼这片底蕴深厚、充满希望的土地，我们坚信，在这里，将书写中国改革开放的新传奇。

改革创新，雄安新区的发展基因

【学习进行时】如何正确打开雄安新区？雄安能否成为下一个深圳和浦东？新华社《学习进行时》原创品牌栏目"讲习所"推出"辛识平"融媒体评论，与您一起感悟改革创新对于雄安新区发展壮大的重要价值和意义。

向炒房者说不！这是雄安新区诞生之初发出的"钢铁雄音"。

日前，雄县、容城、安新三县已经依法对土地、建设、房地产交易等进行管控，当地已经查处房地产建筑领域违法违规行为 765 起，刑事拘留违法犯罪嫌疑人 7 人。中央一再强调，"房子是用来住的，不是用来炒的"。雄安新区用实际行动向世人宣示，这里绝不是炒作投机的乐土，急功近利绝不是打开新区的正确方式。

这段时间，很多人都在追问这样一个问题，雄安能否成为下一个深圳和浦东？回答这个问题，首先要看深圳和浦东是怎么发展起来的。一个由边陲小渔村起步，一个由一片农田滩涂开始，发展到今天这样的程度，说到底靠的就是改革创新，以敢为天下先的气魄，书写了从无到有、从小到大的中国故事。唯改革者进，唯创新者强，唯改革创新者胜。雄安要"雄起"，创造发展新传奇，舍改革创新这条必由之路、兴旺之路，别无他途。

如果细读雄安新区建设发展的具体部署，更会发现，改革创新的基因从一开始就注入其中，这里注定是一方创新创业的热土。

作为一座以新发展理念引领的现代新型城区，雄安新区不能视同为一般意义上的新区，更不能以城市发展的老套路、旧思路来观察理解。在习近平总书记给规划建设雄安新区列出的七个方面重点任务中，"改革创新"像一条红线贯穿其中。从建设绿色智慧新城，到发展高端高新产业；从推进体制机制改革，到创建城市管理新样板，再到扩大全方位对外开放……在雄安新区这张"白纸"上挥毫泼墨，改革创新堪称关键之笔。

习近平总书记曾指出，京津冀协同发展根本要靠创新驱动。雄安新区的改革创新，是全方位的。既要培育创新驱动发展新引擎，为城市发展探索新路径，也要深化行政体制改革，处理好政府和市场的关系，还要在规划设计、城市管理、融合发展等方面进行一系列创新，为21世纪我国城市改革发展蹚出一条新路、树立一个典范。

俗话说，白纸好画图。雄安新区现有开发程度较低，发展空间充裕，在这张"白纸"上作画，受到各方面利益牵绊较少，将为改革创新者提供更加广阔的舞台，有利于画出最新最美的图画。

一座城市的崛起，除了物质上的支撑，精神的积淀也不可或缺。作为全国最年轻的新区，雄安这方热土将在发展实践中构建起自己的精神高地。可以想象，"改革创新"将是其中最核心的精神元素、最深厚的精神力量。

历史是勇敢者创造的。在我国进入改革攻坚期和深水区的关键节点，雄安新区的设立，再一次彰显了以习近平同志为核心的党中央"改革不停顿、开放不止步"的战略决心和科学谋划。从 1979 年"南海边画了一个圈"的那个春天，到 2017 年白洋淀畔推出千年大计的这个春天，改革初心始终不改，创新动力更加澎湃。我们坚信，有敢闯敢试的雄风，有心安天下的胸怀，有脚踏实地的干劲，雄安的前途不可限量，发展的前景值得期待。

看雄安，望中国，新的改革时间开始了。未来，已经到来……

❹

雄安新区如何筑造城市经典

"建设标杆工程，打造城市建设的典范"。横空出世的雄安新区，承载着人们的希望，也带来无尽想象。人们普遍关注，雄安新区怎么建？习近平总书记提出了"四个坚持"——坚持世界眼光、国际标准、中国特色、高点定位，坚持生态优先、绿色发展，坚持以人民为中心、注重保障和改善民生，坚持保护弘扬中华优秀传统文化、延续历史文脉。这不仅为规划建设雄安新区指明了方向，也揭示出现代城市建设的必由之路。

建设雄安新区，规划将充分发挥"先行者"的作用。习近平曾深刻指出："规划科学是最大的效益，规划失误是最大的浪费，规划折腾是最大的忌讳。"著名建筑学家贝聿铭也说过，对一个城市而言，最重要的不是建筑，而是规划。雄安新区人口密度低、开发程度低、发展空间充裕，新区建设好比在一张白纸上作画，而规划编制既是起笔，也是至关重要的一笔。

画好这一笔，可不简单。以往，在有的地方城市建设过程中，要么随意拍板、朝令夕改，要么规划成了摆设、墙上挂挂。结果，城建起笔就是败笔，问题层出不穷。按照中央部署，雄安新区的建设，坚持先谋后动、规划引领，实际上就是落好规划设计这个第一笔，把每一寸土地都规划得清清楚楚后再开工建设。具体来说，有两点十分紧要。一是确保规划的科学性，运用最先进的理念和国际一流的水准进行设计，高标准高质量组织规划编制；二是突出规划的权威性，规划一旦确定，就要严格落实，确保一张蓝图画到底。只有尊重科学、搞好规划，才能不留历史遗憾，留下经典之作。

"罗马不是一天建成的"，规划建设雄安新区不可能毕其功于一役。城市发展过程中，人口和用地要匹配，城市规模也要同资源环境承载能力相适应。比如，新区开发建设与生态环境保护如何统筹兼顾？移民搬迁和城镇改造怎样协同推进？破解这些问题，竭泽而渔的短浅目光不能有，贪大求洋的功利心态也要不得。只有保持历史耐心，尊重城市建设规律，以"功成不必在我"的境界一茬接着一茬干，才不会重演大干快上的"造城运动"，避免"摊大饼"式的扩张老路。

由这样的问题视野来观察，党中央对雄安新区的谋划，既有战略雄心，也有实践理性。合理把握开发节奏，制定了起步区、中期发展区和远期控制区的"路线图"，体现了蹄疾步稳、循序渐进的发展思路，让"建成国际一流、绿色、现代、智慧城市"的目标有了得以实现的具体路径。

建设雄安新区，将紧密围绕"人"这个核心谋篇布局。人是城市中最活跃的因素，以人为本的城市才有生机活力。在城市中安居乐业，是人们的美好梦想，也是城市建设发展的出发点和落脚点。无论是构建蓝绿交织、清新明亮、水城共融的生态城市，还是提供优质公共服务、建设优质公共设施，抑或是发展高端高新产业、打造绿色交通体系等部署，都是为了把雄安新区建设成生态宜居、和谐共享的现代化新城，让人民群众在城市生活得更方便、更舒心、更幸福。

中国国家级新区

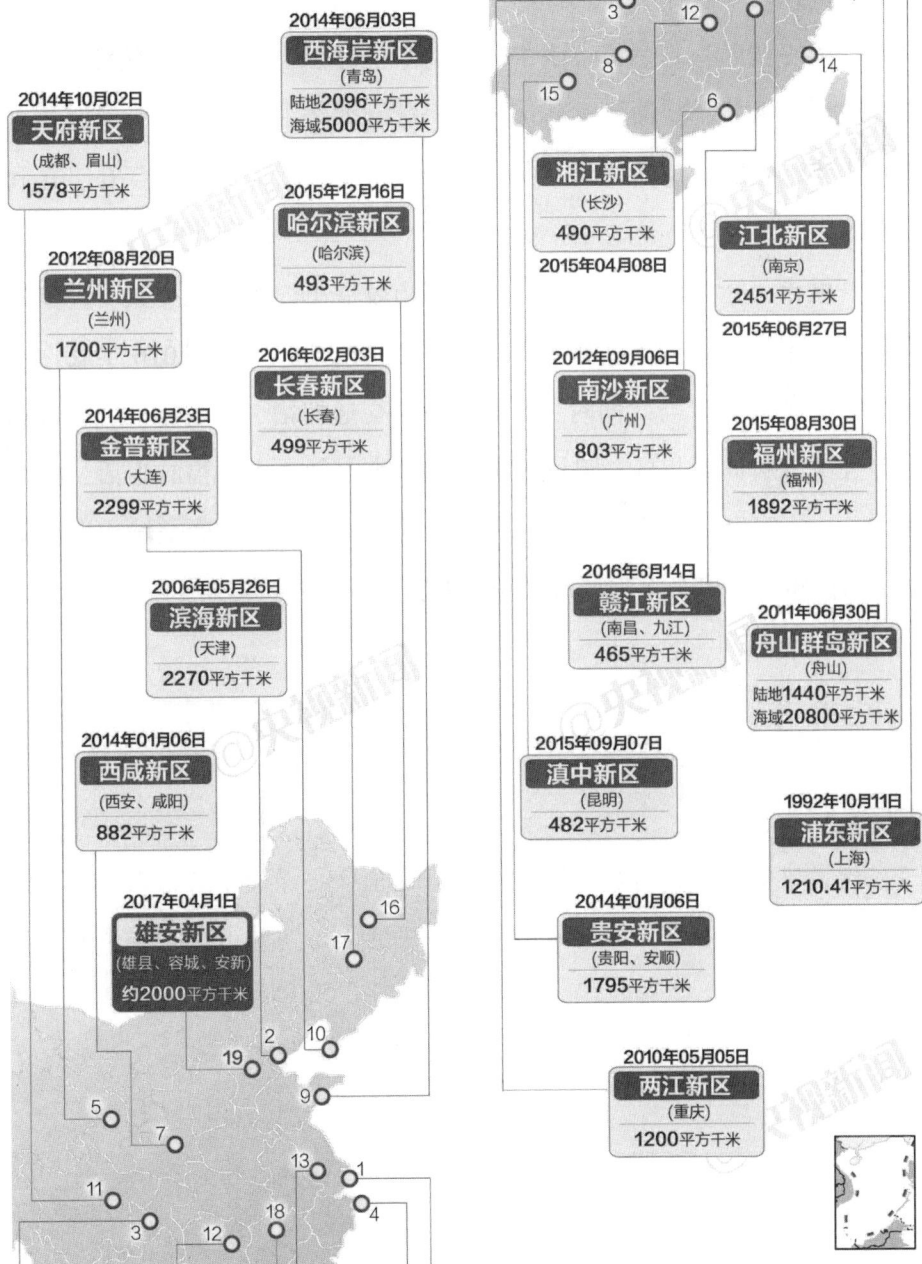

2014年06月03日
西海岸新区
（青岛）
陆地2096平方千米
海域5000平方千米

2014年10月02日
天府新区
（成都、眉山）
1578平方千米

2012年08月20日
兰州新区
（兰州）
1700平方千米

2015年12月16日
哈尔滨新区
（哈尔滨）
493平方千米

2014年06月23日
金普新区
（大连）
2299平方千米

2016年02月03日
长春新区
（长春）
499平方千米

2006年05月26日
滨海新区
（天津）
2270平方千米

2014年01月06日
西咸新区
（西安、咸阳）
882平方千米

2017年04月01日
雄安新区
（雄县、容城、安新）
约2000平方千米

湘江新区
（长沙）
490平方千米
2015年04月08日

江北新区
（南京）
2451平方千米
2015年06月27日

2012年09月06日
南沙新区
（广州）
803平方千米

2015年08月30日
福州新区
（福州）
1892平方千米

2016年6月14日
赣江新区
（南昌、九江）
465平方千米

2011年06月30日
舟山群岛新区
（舟山）
陆地1440平方千米
海域20800平方千米

2015年09月07日
滇中新区
（昆明）
482平方千米

1992年10月11日
浦东新区
（上海）
1210.41平方千米

2014年01月06日
贵安新区
（贵阳、安顺）
1795平方千米

2010年05月05日
两江新区
（重庆）
1200平方千米

建设雄安新区，将在错位发展、融合发展中开拓进取。在京津冀协同发展的大棋局中，雄安新区的定位首先是"疏解北京非首都功能集中承载地"，既不是什么"迁都"，也不是什么建设"副都"。雄安新区与北京中心城区、北京城市副中心各有职能分工，与天津、石家庄、保定等城市紧密关联。加强对新区与周边区域的统一规划管控，发挥各自比较优势，才能避免同质化竞争、"千城一面"，形成优势互补、互利共赢的协同发展新格局。

"城市，让生活更美好"。一部城市发展史，折射人类文明进步的历程。改革开放以来，我国城镇化进程高歌猛进，截至2016年底，城镇化率接近60%。与此同时，雾霾频发、交通拥堵、环境污染、人口膨胀等大城市病日益凸显。建设更美好的城市，创造更幸福的生活，路在何方？计将安出？在这个历史节点诞生的雄安新区，无疑是城市发展新路径的探路者，也必将为城市文明开辟新境界。

⑤

打造中国经济新引擎

　　大幕徐徐拉开，这是京畿大省河北又一个春天的故事。2017 年 4 月 1 日，中共中央、国务院印发通知，决定设立河北雄安新区。东方风来，燕赵大地春潮涌动，再次迎来重大历史机遇。

　　前有深圳经济特区和上海浦东新区，今天的雄安新区潜力有多大？雄安新区对河北和京津冀协同发展有何重大意义？如何把握建设雄安新区的总体要求？怎样建设一个"蓝绿交织、清新明亮、水城共融"的现代化新城？《经济参考报》记者日前赴当地进行了深入采访。

"新区人"的美好憧憬

　　"一夜醒来，我们一下子成新区人了，想到将要建成的智慧新城引领时代前沿，顿时觉得焕然新生。想想深圳、浦东的发展，我们未来也能过上和他们一样的好日子，都美得合不拢嘴了。"当地干部群众兴奋地告诉记者。

　　连日来，设立河北雄安新区的信息形成了"刷屏之势"。河北各地特别是新区涉及的安新、容城、雄县等地干部群众一片沸腾。记者近日在三县采访发现，当地群众无不充满着对这一片热土的憧憬。

而这份憧憬源于雄安新区不可估量的经济潜力。一组数据可以表明：1979 年，深圳市生产总值为 1.79 亿元，2016 年，深圳市生产总值为 19492.6 亿元；1990 年，浦东新区生产总值为 60.24 亿元，占上海市比重为 8.1%，2016 年，浦东新区生产总值 8732 亿元，占上海市比重达到 31.8%。

而目前雄安新区雄县 2016 年生产总值完成 101.14 亿元；安新县 2016 年 1 至 11 月，全县生产总值完成 40.01 亿元；容县 2016 年全县生产总值完成 59.4 亿元。对标深圳和浦东新区，雄安新区未来的发展有足够的想象空间。

除了"钱袋子"的畅想，"新区人"还希望建设好一个生态环保的新区，一个文化遗存能够妥善保护的新区，一个能让人民生活有获得感的新区……

安新县王家寨小学语文老师张素体说："我最早在手机上看到消息，为了确认一下，晚上又在电视上看新闻重播，心情特别激动。我们祖辈生活在白洋淀，一夜之间，我们也成了特区人。雄安新区将是什么样子，我们并不知道。但我们相信淀区的环境会越来越美，生活会越来越好，也希望白洋淀承载的小兵张嘎、雁翎队、荷花、芦苇等特色符号所蕴藏的精神文化能够得到传承。"

安新县县委书记杨宝昌说："得知雄安新区成立的消息后，心情澎湃，对习近平总书记的关怀感恩备至，对未来发展充满信心。"当地一些干部说，他们憧憬着新区绘好发展蓝图，打造成绿色、森林、智慧、水城一体的新区，增强人口和要素的吸引力，提高公共服务水平，提升河北经济社会发展质量和水平。

"炒房大军"的短暂狂欢

"没停售前，5000一平方米，就算涨到2万一平方米，能买到也好。"当地一家楼盘外，一名北京炒房客告诉记者，他看中了一套500平方米的别墅，却担心有钱也抢不到房。

"炒房客"的纷至沓来，打破了新区涉及地区的平静。自4月1日晚，就有大批外地车辆蜂拥而至，以至当地某县宾馆爆满，饭店难以就餐。2日上午，记者在新区走访发现，京、津、冀、蒙、鲁、豫、晋、辽等牌照私家车川流不息，部分路段甚至出现拥堵状况。

安新县一宾馆前台服务员说，宾馆有90多间客房，4月2日全部住满，她们目测大部分是来炒房看房的。这从停车场内停放的各地牌照的车就可得到印证。

记者从4月2日至5日跟踪采访发现，这场"购房狂欢"不久便不欢而散，无疾而终。3日，炒房大军多数离开，当地基本恢复平静。

安新、容城许多干部群众分析说，之所以有这股浪潮，一是炒房团确实存在，更想从即将建立的新区中"捞一笔"；二是当地甚至周边不少业主，以为新区成立会给他们带来商机，纷纷到中介高价挂出房屋。但实质上并无多少交易。

与炒房大军无奈离去相印证的是，4月4日，雄安新区发布消息说，由于雄安新区三县并没有存量房源，房地产市场"有价无市"，目前暂未发现实际交易情况。

根据记者采访了解，三地政府一年前就已对房地产市场依法进行秘密管控，采取了限制商品房交易等措施，只是管控措施近日才公开化。记者3日至4日在安新、容城等地走访看到，中介和售楼处的大门基本上都贴着封条，处于停售或停止工作状态，也并无等待交易的所谓炒房大军。3日晚，安新县街头饭店人迹寥落，宾馆也没有出现媒体报道的火爆景象。其他县市也基本恢复平静。

4月4日晚，河北雄安新区举行首次新闻发布会。新区筹委会称，针对雄安新区设立后一些媒体关于炒房人员到新区聚集、房价上涨等报道情况，雄安新区特此说明，将严格贯彻"房子是用来住的，不是用来炒的"精神，安新、容城、雄县三县已经依法对土地、建设、房地产交易等进行管控。

雄安新区发布消息说，任何以收取定金、意向金等变相销售"五证"不全商品房都属于违法行为，购买此类房屋不受法律保护。新区希望广大群众增强自我保护意识，不轻信、不传播、不参与各种房地产违法项目的宣传及销售活动。同时，新区将严格执行房地产调控政策，严厉打击二手房和小产权房违规交易，严厉打击违规建设，严厉打击黑中介非法销售、夸大宣传、哄抬价格等行为。

然而，炒房大军并不死心，一些炒房者甚至想要"绕过"房管局，意欲双方私下交易，采取签订协议、律师认证等手段购得房屋，还有的欲买小产权房。记者发现，3日开始，河北雄安新区周边的白沟等地传来消息，称当地人流汹涌，房价暴涨，道听途说、添油加醋等各类故事再次上演。

河北方面再出重拳，雄安新区周边县市限购风起云涌。记者梳理发现，4月1日以来，霸州、文安、任丘、定兴、保定市徐水区、清苑区、满城区、高阳县等地纷纷宣布采取限购等管控措施，为虚热的楼市降温。

5日上午，记者在雄安新区附近的箱包重镇白沟看到，几十家房屋中介和地产销售大厅均贴上了封条，封条日期标注为4月3日。包括高碑店市等地的干部群众普遍反映，前两天确实有人来看房，但并未见到成功交易。一位中介所工作人员说，当地有些房主趁新区设立这个节点，把自己的房子以两三万元的价格挂到中介，其实也是有价无市，谁会傻到买这样的房子？

协同发展的"集中承载地"

"有利于集中疏解北京非首都功能；有利于加快补齐区域发展短板，提升河北经济社会发展质量和水平；有利于调整优化京津冀城市布局和空间结构，拓展区域发展新空间。"河北省委用"三个有利于"阐释了设立雄安新区的伟大意义。

中共中央、国务院印发的通知称，河北雄安新区规划范围涉及河北省雄县、容城、安新三县及周边部分区域，地处北京、天津、保定腹地，区位优势明显、交通便捷通畅、生态环境优良、资源环境承载能力较强，现有开发程度较低，发展空间充裕，具备高起点高标准开发建设的基本条件。

根据规划，雄安新区规划建设以特定区域为起步区先行开发，起步区面积约 100 平方公里，中期发展区面积约 200 平方公里，远期控制区面积约 2000 平方公里。

河北省委书记赵克志对河北雄安新区的定位做出了解读：首先是"疏解北京非首都功能集中承载地"，有效吸引北京人口和非首都功能疏解转移。其次是贯彻落实新发展理念的创新发展示范区，坚持"世界眼光、国际标准、中国特色、高点定位"，建设绿色低碳、信息智能、宜居宜业，具有较强竞争力和影响力，人与自然和谐共处的现代化城市。再次是"体制机制创新的高地和高端高新产业集聚地"，"不是大搞房地产开发，更不是炒房淘金的地方。"

作为京津冀协同发展中的"集中承载地"，河北雄安新区对疏解非首都功能意义重大，对遭受产业困扰的河北来说，这是继与北京联合举办2022年冬奥会后的又一发展机遇。多年来，河北GDP全国排位靠前，但其历史形成的钢铁、石化、建材三大资源型产业增加值占全省工业增加值"半壁江山"，高污染、高能耗的产业结构带来了雾霾等严重污染。建设雄安新区，成为河北新旧动能转换的强大引擎。

"更为关键的是，北有2022年冬奥举办地张家口，南有雄安新区建设，河北即将正式迎来'两翼'发展带动的新时代。"有专家解读称，经济发展质量不高的河北必将因此展翅腾飞。

赵克志说，河北将加大统筹推进力度，扎实有序地展开雄安新区规划建设各项工作。坚持先谋后动、规划引领，配合国家有关方面，集聚全国优秀人才，吸纳国际人才，组织编制好雄安新区相关规划，把每一寸土地规划得清清楚楚后再开工建设。完善新区经济社会发展、交通一体化、新型城镇化、土地利用等规划体系，切实推进多规合一，确保一张蓝图干到底。依法依规抓好区域管控，贯穿于拆迁安置、规划布局、项目建设、管理运营各个环节。

创新驱动的新引擎

4月的白洋淀，碧水映天，片片芦苇黄中泛青。在中国未来的时空里，美丽的"华北明珠"白洋淀畔，必定崛起一座让世界瞩目的新城，一个大国复兴的新的经济增长极。

对于雄安新区承接北京非首都功能疏解，着力发展的重点产业，权威人士和学者认为，重点是要紧跟世界发展潮流，有针对性地培育和发展科技创新企业，发展高端高新产业，积极吸纳和集聚创新要素资源，培育新动能，打造在全国具有重要意义的创新驱动发展新引擎。

国家发展改革委主任何立峰表示，要把创新驱动作为新区发展的根本动力，引导创新要素向新区集聚。支持新区从创新载体、运行机制、发展环境等方面营造良好创新氛围，吸引高端创新人才和团队，努力打造创新高地和科技新城。

"实现京津冀协同发展，是新形势下引领新发展、打造新增长极的迫切需要。"京津冀协同发展专家咨询委员会组长、中国工程院主席团名誉主席徐匡迪院士表示，从国际经验看，解决大城市病基本上都是用了"跳出去建新城"的办法；从我国经验看，通过建设深圳经济特区和上海浦东新区，有力推动了珠三角和长三角地区的发展。京津冀协同发展瞄准的是打造世界级城市群，规划建设雄安新区是这项战略的重要组成部分。

京津冀协同发展专家咨询委员会副组长、中国工程院院士邬贺铨说，雄安新区在承接北京非首都功能疏解的基础上，还要以建设绿色生态宜居新城区、创新驱动发展引领区、协调发展示范区、开放发展先行区为目标，经过长期不懈努力，建成高端高新产业集群地、创新要素资源集聚地、扩大开放新高地和对外合作新平台，激发经济社会发展的新动能，打造京津冀创新驱动发展的新引擎，支撑京津冀成为中国经济发展的新增长极。

美国宾夕法尼亚州巴克内尔大学政治学教授朱志群认为，雄安新区的设立是影响中国未来发展的重大举措。相信雄安新区会将京津冀发展一体化变为现实，并将带动整个华北地区的快速和全面发展。

中国国际经济交流中心首席研究员张燕生在接受媒体采访时表示，

雄安新区在京津冀核心位置，它承载的使命就是创新，今后应该是中国成为创新型现代化国家的心脏区域，是中国的"硅谷"。"北京有全国最好的大学、科研院所、企业创新平台，并且北京的创新强度和科研投入占 GDP 比重都是全国最高的，今后京津冀发展的关键就是如何将这些转变为生产力。"

专家和学者同时表示，雄安新区的设立，意味着中国开放将朝纵深发展，中国将继续全方位拥抱全球化和自由贸易。

资料链接

浦东：把创新和开放融为一体

落实国家战略，最关键的就是坚持把开放和创新融为一体。在提升"融"的水平上下功夫，准确把握"融"的着力点，以发展的质量和效益作为"融"的现实检验。

浦东开发开放走过 27 年的历程，进入了新的发展阶段。新阶段的新使命，就是推进自贸试验区和科技创新中心建设两大国家战略，不辱使命、不负重托，奋力开创改革开放和创新发展新局面，当好排头兵、先行者。

落实国家战略，最关键的就是坚持把开放和创新融为一体。开放是浦东最大的特征，创新是引领发展的第一动力，把开放和创新融为一体，使两者相辅相成、互相促进，如车之两轮、鸟之两翼，不断拓展全面深化改革的新境界，推动新旧发展动能加速转换。

把开放和创新融为一体，必须在提升"融"的水平上下功夫。一方面，要以开放引领创新，在开放中推进创新。对标最高标准，对照最好水平，深化投资贸易自由、规则开放透明、监管公平高效、营商环境便利，率先形成法治化、国际化、便利化的营商环境和公平、统一、高效的市场环境，更好集聚全球创新资源和海外高端人才，支持更高水平的"走出去"和"引进来"，提升运作两个市场两种资源的能力，提高代表国家参与国际竞争的能力，不断提升开放型经济水平。另一方面，要以创新推动更大的开放。解放思想、勇于突破，坚持大胆试、大胆闯、自主改，敢走与众不同的新路，敢破不合时宜的制度，探索开放新领域，为推动实施更高水平对外开放做好压力测试。

把开放和创新融为一体，必须准确把握"融"的着力点。要加强整体谋划、通盘考虑，聚焦"证照分离"改革、提升政府治理能力等重点领域，探索基础性制度和核心制度，加快构建"四梁八柱"。要加强协同配合、改革联动，促进自贸试验区同科创中心建设、同国际金融中心、同全市改革的联动，推动开放创新、制度创新、科技创新、金融创新的融合发展，形成改革创新的集成效应。要开阔视野、开放胸襟，借鉴其他地区先进经验，采众家之长，创浦东之新，加强与先进地区和其他自贸试验区的合作交流，为全国全市发展，提供更多可复制、可推广的改革经验。

把开放和创新融为一体，必须以发展的质量和效益作为"融"的现实检验。要以开放和创新为根本动力，在供给侧结构性改革上有更大作为，加快产业结构优化升级，形成以现代服务业为基础、以战略性新兴产业为引领、以先进制造业为支撑的新型产业体系。要坚持问题导向和需求导向，问需于民、问计于民，聚焦企业和群众最关心、最迫切、反映最强烈的领域，加大改革突破力度，解决难点、疏通堵点，不断提高企业和群众对开放创新的感受度和满意度。

越是改革深化、越是创新发展，就越是要重视风险防范。要树立底线意识、忧患意识，查找短板弱项，加强监测预警，坚决防范系统性、区域性的经济金融风险，坚决不犯方向性、颠覆性、不可改的错误。

担负新使命，实现新作为，关键在干部的精气神。浦东干部要始终保持迎难而上、敢于担当的激情勇气，不断锤炼勇于创新、注重协同的能力本领，着力培养追求卓越、争创一流的境界格局，以特殊精神状态作出特殊努力，在全国全市发展中走在前列。

——上海市委常委、浦东新区区委书记翁祖亮近日接受本报记者采访时说

（本文来源：人民日报）

第 五 章

雄安与京津冀协同发展大棋局

①

站在时代的潮头，筑造历史性工程

——以习近平同志为核心的党中央谋划指导京津冀协同发展

三周年纪实

天安门广场向南 40 多公里处，已经封顶的北京新机场主航站楼主体结构，犹如一只金凤凰展翅高飞。

俯瞰京津冀，一幅以密布环绕的高铁、城际铁路、市域铁路、高速公路为骨架，呈多节点、网格状的交通网蓝图正徐徐铺开，犹如一颗巨钻熠熠生辉。

这里是极具发展潜力的城市群：京畿重地，濒临渤海，携揽"三北"，面积 21.6 万平方公里，承载 1 亿多人口，是拉动中国经济发展的重要引擎。

这里是区域发展难啃的硬骨头：既有大城市病的困扰，又有区域发展差距悬殊的困惑，资源环境超载矛盾严重，老大难问题亟待破题。

迎难而上，探寻突破路径，这是一种厚重的历史担当；

放眼长远，功成不必在我，这是一份博大的胸襟气魄。

2014 年 2 月，习近平总书记到北京市考察工作。2 月 26 日，习近平总书记召开座谈会，在讲话中提出了京津冀协同发展的重大国家战略。

3年来，以习近平同志为核心的党中央高度重视京津冀协同发展战略，高瞻远瞩顶层设计，稳扎稳打全面实施，京津冀这方热土日新月异，正在书写中国区域发展的当代传奇，筑造着引领时代新发展的历史性工程。

着眼全局发展的战略举措——大思路、大布局：走出一条内涵集约发展的新路子，促进区域协调发展，形成新的增长极

"京津冀协同发展意义重大，对这个问题的认识要上升到国家战略层面。"——2014年2月26日，习近平总书记在北京主持召开座谈会，专题听取京津冀协同发展工作汇报。

北京，这座世界名城，拥有3000多年的建城史和860多年的建都史。

时光步入21世纪，这座有着2000多万人口的超级城市，一个以首都为核心的庞大城市群，如何谱写新的发展辉煌？

这是历史的追问，这是时代的课题。

2014年2月25日，北京市规划展览馆迎来一位特殊的参观者——中共中央总书记、国家主席、中央军委主席习近平。

约1小时25分的考察中，习近平总书记观看了介绍北京建城史、建都史和北京城市变化情况的专题片，认真了解北京地理环境、规划布局、功能定位、发展变化等情况。在考察过程中，习近平总书记详细询问百姓居住环境、空气质量、生活状况等。

习近平总书记提出的问题切中要害，立足当前，着眼长远。

第二天，习近平总书记在北京主持召开座谈会，专题听取京津冀协同发展工作汇报，强调实现京津冀协同发展，是一个重大国家战略，要坚持优势互补、互利共赢、扎实推进，加快走出一条科学持续的协同发展路子来。

规划建设雄安新区要突出七个方面的重点任务

建设绿色智慧新城，建成国际一流、绿色、现代、智慧城市

打造优美生态环境，构建蓝绿交织、清新明亮、水城共融的生态城市

发展高端高新产业，积极吸纳和集聚创新要素资源，培育新动能

提供优质公共服务，建设优质公共设施，创建城市管理新样板

构建快捷高效交通网，打造绿色交通体系

推进体制机制改革，发挥市场在资源配置中的决定性作用和更好发挥政府作用，激发市场活力

扩大全方位对外开放，打造扩大开放新高地和对外合作新平台

新华社记者 孟丽静 编制

一个着眼中国未来发展大格局的战略谋划呼之欲出。

京津冀，涵盖北京、天津两大直辖市和河北省 11 个地级市，人口超过 1 亿，GDP 占全国的十分之一以上。三地本应依靠政治、经济、文化等一系列资源共享，可以实现一加二大于三的效果，然而现实并非如此：

一面是发达的中心，一面是落后的腹地。京津两地过于肥胖，大城市病突出，周边中小城市过于瘦弱，特别是河北发展与两地呈现"断崖式"差距，河北人均 GDP 是京津两市的 40% 左右，人均收入是两地的一半，教育投入只及北京的三分之一。

一面是问题交织，一面是难以独善其身。资源环境承载超限，三地水资源短缺，地下水超采问题突出，三省市年均超采量占全国的三分之一。雾霾频发，大气污染成为全国最突出的区域。

这既是全国诸多城市群存在症候的一个缩影，也是区域不均衡发展的一个缩影。实现京津冀协同发展，正是新形势下引领新发展、打造新增长极的迫切需要。

"区域协同发展，是中国经济发展长期追求的一个目标，问题尚没有根本解决。"京津冀协同发展专家咨询委员会委员、国务院发展研究中心副主任张军扩说，通过京津冀协同发展，可以实现重点突破，引领经济发展新常态，释放新的增长动力，给全国带来可复制可推广的经验。

大战略需要理清大逻辑。

习近平总书记一直十分关心京津冀协同发展问题。2013 年 5 月，他在天津调研时提出，要谱写新时期社会主义现代化的京津"双城记"。2013 年 8 月，他在北戴河主持研究河北发展问题时，又提出要推动京津冀协同发展。

此后，习近平总书记多次就京津冀协同发展作出重要指示，强调解决好北京发展问题，必须纳入京津冀和环渤海经济区的战略空间加以考量，以打通发展的大动脉，更有力地彰显北京优势，更广泛地激活北京要素资源，同时天津、河北要实现更好发展也需要连同北京发展一起来考虑。

深思熟虑下，京津冀协同发展的构想在总书记心中越来越清晰。在2014年2月26日的会议上，他强调指出，大家一定要增强推进京津冀协同发展的自觉性、主动性、创造性，增强通过全面深化改革形成新的体制机制的勇气，继续研究、明确思路、制定方案、加快推进。

此后，京津冀协同发展领导小组成立，统筹指导推进京津冀协同发展工作。

2014年以来，京津冀协同发展领导小组指导其办公室会同30多个部门、三省市和京津冀协同发展专家咨询委员会，多次深入调查研究，反复修改完善，先后7轮征求各方意见，形成《京津冀协同发展规划纲要》稿。

"规划科学是最大的效益，规划失误是最大的浪费，规划折腾是最大的忌讳""着力加大对协同发展的推动，自觉打破自家'一亩三分地'的思维定式，抱成团朝着顶层设计的目标一起做"……习近平总书记对这项战略规划设计多次提出明确要求。

2015年，习近平总书记先后主持召开中央财经领导小组会议和中央政治局会议，审议研究规划纲要并发表重要讲话，进一步明确这项战略的目标、思路和方法。

高瞻远瞩，从长计议。习近平总书记强调指出，要走出一条内涵集约发展的新路子，探索出一种人口经济密集地区优化开发的模式，促进区域协调发展，形成新增长极。

龙衮九章，但挈一领。

2015 年 4 月，习近平总书记主持召开中共中央政治局会议审议通过规划纲要，确定了"功能互补、区域联动、轴向集聚、节点支撑"的布局思路，明确了以"一核、双城、三轴、四区、多节点"为骨架，设定了区域功能整体定位和三地功能定位。

顶层设计，为这项战略实施提供了形成强大合力的行动指南，京津冀地区迎来了一个千载难逢的发展窗口期，协同发展由此进入全面实施、加快推进的新阶段。

"思路要明确，坚持改革先行，有序配套推出改革举措"；

"要坚持协同发展、重点突破、深化改革、有序推进"；

"要把筹办北京冬奥会、冬残奥会作为推动京津冀协同发展的重要抓手"；

……

3 年来，一次次考察，一个个会议，一系列重要讲话、指示，习近平总书记时刻挂念着京津冀协同发展战略的实施情况，在不同时段和关键节点给予重要指导。

春华秋实，三年有成。

京津冀协同发展规划体系基本形成。作为全国首个跨省市的五年规划，京津冀国民经济和社会发展"十三五"规划于 2016 年发布实施。京津冀空间规划编制完成，并相继出台京津冀交通、生态、产业等 12 个专项规划和一系列政策意见，形成目标一致、层次明确、互相衔接的协同发展规划体系，将推动三地实现"一张图"规划、"一盘棋"建设、"一体化"发展。

疏解北京非首都功能有序推进，重点领域率先突破取得重要进展。北京城市副中心加快建设，交通一体化格局加快构建，生态环境保护深入推进，产业升级转移稳步推进，三地产业互动和经济要素进入快速融合通道，协同发展实现良好开局。

协同，既是区域发展的必由路径，更是响当当的生产力——

在中国经济下行压力较大的情况下，2016年京津冀交出了一份可观的成绩单：北京经济增速达到6.7%，服务业占地区生产总值比重达到80.3%；天津经济增速达9%，继续位居全国前列；河北省经济增速6.8%，产业实现"健身增效"。

推动京津冀协同发展，是以习近平同志为核心的党中央在新的时代条件下作出的重大决策部署。这对于统筹推进"五位一体"总体布局和协调推进"四个全面"战略部署，实现"两个一百年"奋斗目标和中华民族伟大复兴的中国梦，具有重大现实意义和深远历史意义。

夯基垒台构筑"四梁八柱"——新进展，新成效：疏解北京非首都功能有序推进，重点领域率先突破取得重要进展，京津冀大地焕发蓬勃生机

"规划建设北京城市副中心，疏解北京非首都功能、推动京津冀协同发展是历史性工程"——2016年5月27日，习近平总书记主持召开中共中央政治局会议。

通州区潞城镇，占地约6平方公里的北京城市副中心行政办公区建设工地日夜忙碌。

站在建设指挥部楼顶眺望，一批办公大楼主体结构已经封顶。2017年年底前，北京市级各大机关及部分市属行政部门率先启动搬迁。

有序疏解北京非首都功能、优化提升首都核心功能、解决北京大城市病问题是京津冀协同发展的首要任务。而建设北京城市副中心更是这

项首要任务中的关键一招，是一项标志性工作。

正如习近平总书记去年主持召开中央政治局会议时所指出的，建设北京城市副中心，不仅是调整北京空间格局、治理大城市病、拓展发展新空间的需要，也是推动京津冀协同发展、探索人口经济密集地区优化开发模式的需要。建设北京城市副中心是千年大计、国家大事。

3年来，北京市深入贯彻落实习近平总书记重要指示精神，把"最先进理念、最高标准、最好质量"的要求体现在城市副中心规划建设的各个环节。

前不久，北京面向国内外50家高水平顶尖团队发出意向邀请，目前副中心总体城市设计和6个重点地区详细城市设计已通过专家评审，副中心建设正在加快推进，安排的350项重大工程项目中已有106个项目开工。

2017年2月24日，习近平总书记亲临北京城市副中心建设工地考察，详细了解建设理念、工程进程、群众搬迁安置等方面的情况，对建设取得的进展表示肯定，并进一步提出了明确要求。

千年古都，迎来了一个崭新发展的机遇期，步入了一个重大变革的大考期。

3年来，各个方面针对大城市病对症下药，牢牢牵住北京非首都功能疏解这个"牛鼻子"，北京"瘦身健体"逐渐显现成效。

把好产业入口关，疏解引导政策加紧出台实施——

有舍才有得。北京市2014年出台全国首个新增产业的禁止和限制目录，又在次年进行了修订，受到禁限的行业占全部国民经济行业分类的比例提高至55%，城六区受到禁限的行业提升至79%，不予办理的工商登记业务累计达1.64万件。

疏解示范项目稳妥有序推进——

昔日摊位达到1.3万个、日人流量高峰达到7万人次的北京动物园服装批发市场已焕然展新颜，完成疏解和产业升级面积24.3万平方米，疏解人口1.5万人。

3年来，北京推动一批区域性批发市场、一般性制造业企业、学校、医院等有序疏解，加快让"孔雀"振翅而飞。累计调整疏解商品交易市场370余家，从业人员21.8万人；累计退出一般性制造业企业1341家，今年还将疏解退出500家；北京城市学院、北京建筑大学、北京工商大学新校区加快建设，天坛医院丰台院区、同仁医院亦庄院区二期进展顺利……

人口调控成效初显——

人口多、车辆堵，首都常被誉为"首堵"。目前，北京市机动车已超过560万辆，首尾相连可绕地球大半个赤道。治理大城市病，要学大禹治水之法，"光堵不疏不行"。

北京市常住人口已达2172.9万人，按照规划要求，到2020年力争控制在2300万人以内，其中城六区争取到2020年下降15个百分点。3年来，北京坚持制定年度人口调控目标，推动全市常住人口连续两年保持增量和增速双下降，2016年上半年城六区常住人口实现了由增到减的拐点。

在规划纲要出台之前，按照习近平总书记的指示精神，京津冀协同发展领导小组在2014年第一次会议上就提出，对符合目标、现实急需、具备条件的交通、生态、产业三个重点领域要先行启动，作为最直接、最有效、最实在的抓手。

交通是协同发展的"先行官"。

习近平总书记2014年2月在考察北京时就明确指出，要把解决交通拥堵问题放在城市发展的重要位置，加快形成安全、便捷、高效、绿色、经济的综合交通体系。

"我们当初提出轨道上的京津冀的思路，突出以轨道交通为主，打造京津冀主要城市间一小时交通圈。"京津冀协同发展专家咨询委员会委员、中国铁路经济规划研究院副院长林仲洪说。

如今，"轨道上的京津冀"已经从一个时髦词汇逐渐呈现出现实模样。2016年11月，京津冀地区城际铁路网规划获得批复，以京津、京保石、京唐秦三大通道为主轴，到2030年基本形成"四纵四横一环"城际铁路网。

天津至保定缩短至1小时，北京至天津滨海新区缩短至1小时……京津冀1小时交通圈和半小时通勤圈初步形成，异地上班正成为现实。一批高速公路"断头路"、国省干道"瓶颈路段"正在打通或扩容。河北356条公交线路已与京津实现互联互通。新机场飞行区、航站楼及配套设施项目加快建设，截至2016年底完成投资230多亿元……

生态环境保护，是推进协同发展的重要基础，更是广受瞩目的民生工程。

"环境治理是一个系统工程，必须作为重大民生实事紧紧抓在手上""着力扩大环境容量生态空间，加强生态环境保护合作"……习近平总书记对京津冀生态环保问题高度关注。

"蓝天难现""繁星无影""雾霾红警"……大气污染一直是近年来京津冀地区的"顽症"。据环保部门统计，京津冀三省市每年散煤消耗近4000万吨，是冬季大气污染的重要来源。

3年来，以电代煤、以气代煤等工作加紧推进。目前，北京、天津、保定、廊坊主城区实现散煤"清零"，京津冀区域PM2.5平均浓度2016年比2013年下降约33%，但大气污染防治工作依然任重道远。

"清水"和"绿化"两项工作也齐头并进。

三地推进水环境污染综合整治，由于多年网箱养鱼造成严重水体污染的河北潘家口水库、大黑汀水库，目前已经全面启动集中清理工作。京津风沙源治理和太行山绿化、"三北"防护林、沿海防护林等重点生态工程持续推进，三地完成造林 1753.8 万亩。

产业一体化是有序疏解北京非首都功能、推动京津冀协同发展的实体内容和关键支撑。

与长三角、珠三角相比，京津冀地区尚没有形成相互衔接的产业发展链条。北京一些科技企业定制电脑面板等，苦于周边地区缺少类似产业配套，不得不舍近求远，将订单发到深圳等地。

在京津冀协同发展战略启动之初，习近平总书记就强调，要着力加快推进产业对接协作，理顺三地产业发展链条，形成区域间产业合理分布和上下游联动机制，对接产业规划，不搞同构性、同质化发展。

3 年来，三地联合推动产业升级实现"1+1+1>3"的效果，努力打造立足区域、服务全国、辐射全球的优势产业集聚区。一批重大产业项目加快实施——

在沧州，北京现代汽车沧州第四工厂 2016 年 10 月竣工投产，整车设计年产能 30 万辆，发动机设计年产能 20 万台；

在曹妃甸，总投资 439 亿元的首钢京唐公司二期项目已于 2015 年开工建设，这将使首钢成为国内年生产能力最大的单体钢厂；

在天津，天津滨海—中关村科技管委会于去年底揭牌，已新增注册企业 35 家；

……

3 年来，河北引进京津资金 11041 亿元，占全省同期引进省外资金的一半以上；天津引进京冀项目 4856 个、资金 5226.74 亿元，分别占全市引进外省份项目和资金的 35.6％ 和 44％。仅 2016 年，北京企业在津冀两地的投资认缴额分别增长 26％ 和 100％……

优化区域产业布局，聚焦京津冀"三轴一带"，正犹如一柄威风凛凛的"方天戟"。

在改革创新中打开新空间——破题闯关，汇聚动力：重塑体制机制提供制度保障，试点示范构建全新格局，营造万物生长的良好环境

"要加快破除体制机制障碍，推动要素市场一体化，构建京津冀协同发展的体制机制，加快公共服务一体化改革。"——2015 年 4 月 30 日，习近平总书记主持召开中共中央政治局会议。

京津冀协同发展中迈出的每一步、实施的每一个细节，都需要在现实中接受考验。

如何使京津冀协同发展建立起科学长效的机制，真正实现"1+1+1>2"、"1+1+1>3"的效果？习近平总书记时刻牵挂于心，反复强调构建体制机制的重要性。

习近平总书记在 2014 年 2 月 26 日的重要讲话中对京津冀协同发展提出 7 点要求，其中关键之处就是要下决心破除限制生产要素自由流动和优化配置的各种体制机制障碍。

"如果说长三角和珠三角的崛起主要靠对外开放来启动，那么京津冀协同发展更多瞄准区域内资源的协同优化，向改革创新要效益，承担起经济人口密集地区优化开发模式的使命。"京津冀协同发展专家咨询委员会副组长、中国工程院院士邬贺铨说。

以改革创新为指引，重构新体制机制。通过 3 年的探索和实践，一批突破体制机制障碍的重大改革举措稳步落地，区域发展示范效应逐渐凸显。

以创新驱动为理念，搭建协同发展新平台——

中关村是创新的代名词。如今，这一创新的火种已在幽燕大地呈现燎原之势。

目前，中关村企业累计在津冀设立分公司 2709 家，设立子公司 3032 家，创新资源辐射外溢不断提速。目前三省市已建设众创空间 200 余家、国家级科技企业孵化器 15 家，签署了一系列合作创新的协议。

以重构新机制为抓手，推动市场要素优化配置——

税收分享在企业疏解搬迁过程中直接影响着地方政府的积极性，也是最难突破的领域之一。

2015 年 6 月，财政部、国家税务总局发布《京津冀协同发展产业转移对接企业税收收入分享办法》，从顶层设计上扫除了因地区间税收利益博弈带来的障碍。

在中关村海淀园秦皇岛分园，两地利益采用"442"分配方式，入驻企业产生的税收由海淀、秦皇岛两地政府各得 40%，另外 20% 共同设立产业发展基金，进一步培育新兴产业。

打破旧藩篱，迎来新天地。

在各地各部门的努力下，国家食药监总局于 2016 年 7 月批复同意京冀协同发展医药产业转移的监管措施，在沧州的"北京沧州生物医药产业园"可以由北京市食药监局异地监管和审批，在全国开了先河。目前，这家产业园已经吸引 60 多家北京等地的医药企业落户，总投资超过 200 亿元。

　　打造试点示范，复制推广创新经验——

　　3年来，京津冀不断破除体制机制束缚，勇于探索区域协同发展新路，已经有诸多经验为其他地区乃至全国所借鉴。

　　过去，由于通关流程的相对封闭和独立，企业经常需要在属地和口岸之间奔波。2014年7月1日，京津冀海关区域通关一体化率先在北京海关、天津海关启动，随后，石家庄海关加入，区域通关一体化模式逐步拓展至京津冀、长江经济带、广东地区。

　　兴（隆口）延（庆）高速作为全国首个公开招标的PPP项目开工建设；北京服务业扩大开放综合试点推出136项措施；引滦入津横向生态补偿、区域碳排放权交易、亚太经合组织绿色供应链等试点深入开展……

　　随着一批先行先试的改革示范项目和举措不断落地生根、开花结果，京津冀三地变化犹如春潮涌动。

　　北京通州、天津武清、河北廊坊，从地图上看是京津冀协同发展中的"金三角"，简称"通武廊"。

　　一个好汉三个帮。3年来，"通武廊"三地密切合作，甘当改革创新协同的"试验田"。三地签署了人才合作框架协议，推出了人才绿卡、鼓励企事业单位间科研人员双向兼职等10多项先行先试政策；还将设立"通武廊"协同发展办公室，在交通、生态、产业协作、跨界监测等方面统筹发展。

　　教育资源不断打通，滨海新区设立了"北京班"；医疗机构合作机制不断完善，津冀43家核心医院牵头组建了包含476家合作医院在内的43个区域医疗联合体，三地医疗机构临床检验结果互认试点工作全面启动；精准扶贫精准脱贫政策措施加快落实……

　　3年来，一系列改革创新带来了人们看得见的实惠，老百姓有了更多的获得感。

积跬步以至千里。一个幽燕大地协同发展的光荣梦想，正逐步走来，变成现实……

御风前行驶向光明彼岸——跨越时空，砥砺奋进：一张蓝图干到底，为区域协同发展探出崭新路径，打造中国发展新的支撑带

"方法要明确，放眼长远、从长计议，稳扎稳打、步步为营，锲而不舍、久久为功。"——2015 年 2 月 10 日，习近平总书记主持召开中央财经领导小组第九次会议。

2017 年 2 月 17 日下午 3 点钟，中国工程院 218 会议室，京津冀协同发展专家咨询委员会第 75 次全体会议正在这里召开，对这项战略实施的下一步重大议题进行研究讨论……

专家咨询委员会的 16 位委员包括中国工程院、中国科学院等多位院士和涵盖国内目前顶尖级的交通、产业、生态、规划等专家，可谓是京津冀协同发展的"智囊团"。

由中央批准成立的专家咨询委员会，开展咨询规模层次之高、涉及面之广，在国内尚属首次。"京津冀协同发展已进入到攻坚阶段，委员会需要进一步加深理解习近平总书记重要讲话精神，深入调研，主动做好咨询工作。"邬贺铨说。

正如习近平总书记 2016 年 5 月 27 日在主持召开中共中央政治局会议时所强调的，规划建设北京城市副中心，疏解北京非首都功能、推动京津冀协同发展是历史性工程，必须一件一件事去做，一茬接一茬地干，发扬"工匠"精神，精心推进，不留历史遗憾。

3 年来，京津冀协同发展取得了阶段性成效，实现了良好开局，但更加繁重的任务依然在路上……

打造"以首都为核心的世界级城市群"——这正是京津冀整体四大定位中的首要目标。

综观以美国纽约、美国芝加哥、法国巴黎、英国伦敦、日本东京、中国上海为中心的世界六大城市群，京津冀要跃居为新的世界级城市群，还需要在北京非首都功能有效疏解等重点领域上不断突破发展。

从京津冀经济体量上看，目前三地 GDP 超过 1 万亿美元，要达到世界级城市群，经济总量未来要对标 2 万亿美元，这可能还需要较长时间的奋斗。

更重要的是，一个地区经济总量的真正提升，是要依靠改革创新，从结构调整、提高劳动生产率中来，形成一个分工有序、体系健全，部分产业具有全球较强竞争力的产业体系。

据测算，多年来北京中关村的科技成果 4% 在本地转化，百分之八九十在珠三角、长三角转化，原因在于京津冀大地上创新后续发展的产业和环境尚没有及时跟上。

"进一步改革创新，着力解决京津冀统一要素市场发展滞后的问题，消除市场显性和隐性壁垒，已是众望所归。"专家咨询委员会委员、中国社科院数量经济与技术经济研究所所长李平说。

打破"一亩三分地"思维定式，抱团式发展方能迎来新生机——

协同发展，并不是一场简单的"迎来送往"，而是产业升级和提升公共服务水平同时进行，需要政治、经济、文化、民生、生态等多个方面推进，才能打造我国经济新增长极的样本。

资源环境瓶颈制约，是三地共同之痛。治理环境、清洁水、大气污染防治等一批重点工程尤其需要加强顶层设计，三地紧密沟通，联防联治。

面对前行中的困难，既要寻求最大公约数，积极稳妥推进；更要着眼长远，协调好短期和长期利益，更加坚定不移地推进。

"推进这项战略继续破浪前行，必须大力发挥市场在资源配置中的决定性作用，但这需要各方通过规划、基础设施、政策、公共服务来引导，优化行政资源配置，打破行政性垄断和市场壁垒。"张军扩说。

凡是过去，皆为序章。

推进京津冀协同发展犹如一场新长征，夺取新的胜利，还有不少"雪山""草地"需要跨越，也有不少"娄山关""腊子口"需要征服。

2017 年，是实现京津冀协同发展战略近期目标的关键之年。领导小组办公室会同有关方面已在倒排任务书、时间表——

以疏解北京非首都功能为重点，持续加大交通、生态、产业三个重点领域率先突破力度，推动京津冀协同发展取得明显阶段性成效……

"2017 年是实现京津冀协同发展战略近期目标的决胜之年。"北京市市长蔡奇说，将抓好一批专项规划、重大政策、重点项目和合作协议的落地实施，确保非首都功能疏解取得明显进展。

天津市委书记李鸿忠表示，京津冀协同发展战略给天津发展带来了百年不遇的历史机遇，得之如宝，失之不再。"贯彻落实这项战略犹如天津市 21 世纪的平津战役，我们要打好、打响、打赢这场新的平津战役。"

河北省委书记赵克志说，这一重大战略给河北带来的积极影响和推动作用，是历史性和转折性的。"我们将进一步解放思想，优化营商环境，加快缩小河北与京津发展水平的落差。"

其疾如风，其徐如林。京津冀协同发展战略正步入新的发展征程——

在北京市规划展览馆里，《不朽之城》和《古都巨变》两部影片交替放映，在四楼"京津冀协同发展"展区则驻足了不少参观者，询问这项战略引发的新变化。

规划展览馆不远处，天安门广场上的正阳门静静矗立——

这一古老城门历经沧桑变化，今天它又将见证北京这座千年古都的华丽转身，京津冀大地正在深度协同对接，描绘出壮丽的发展画卷……

装点此关山，今朝更好看。

近期目标——2017 年，有效疏解北京非首都功能取得明显进展，一批重大项目得以实施；

中期目标——2020 年，北京大城市病等突出问题得到缓解，区域一体化交通网络基本形成，生态环境质量得到有效改善，产业联动发展取得重大进展；

远期目标——2030 年，首都核心功能更加优化，京津冀区域一体化格局基本形成，区域经济结构更加合理，生态环境质量总体良好，公共服务水平趋于均衡……

届时，一个新崛起的世界级城市群可期可观，也将带动华北地区成为一个有强大竞争力的区域中心，成为中国经济发展的强力支撑带。

使命，是对未来的美好向往，更是对历史的郑重承诺。

如同习近平总书记所指出的，疏解北京非首都功能、推进京津冀协同发展，是一个巨大的系统工程。方法要明确，放眼长远、从长计议，稳扎稳打、步步为营、锲而不舍、久久为功。

肩负着新的历史使命，京津冀协同发展这一伟大的国家战略，必将书写出璀璨夺目的新篇章！

（新华社北京 2017 年 2 月 26 日）

②

雄安新区：增强京津冀发展协同性的重大部署

雄安新区对京津冀协同发展有何重大意义？如何推进北京非首都功能疏解？在创新驱动和生态环保方面将有哪些推动作用？

新华社记者近日就此专访了京津冀协同发展专家咨询委员会委员、国务院发展研究中心副主任张军扩。

协同推进以首都为核心的世界级城市群建设

问：雄安新区对于推动京津冀协同发展有何重大意义？

答：打造以首都为核心的世界级城市群，是京津冀协同发展的总体定位和总体目标。

与世界上其他公认的世界级城市群相比，京津冀城市群存在四个明显短板。一是相比全球主要的世界级城市群，经济总规模不足。二是城市结构布局不合理，北京、天津与其他城市之间差距过大，缺乏足够数量的各方面实力都比较强的二线城市。三是城市空间结构不合理，特别是在冀中南地区，缺乏有足够实力和较强带动力、辐射力的城市。四是河北城市化水平和质量都需要进一步提升。

雄安新区规划建设要坚持世界眼光、国际标准、中国特色、高点定位，打造贯彻落实新发展理念的创新发展示范区，建成国际一流、绿色、现代、智慧城市。这对于协同解决上述四个突出短板问题和促进世界级城市群建设，都会发挥强有力的推动作用。

疏解北京非首都功能要做好三个结合

问：雄安新区规划建设如何推进北京非首都功能疏解？

答：有序疏解北京非首都功能是京津冀协同发展战略的核心，对于推动京津冀协同发展具有重要的先导作用。有效推进这项工作需要处理好几个关系，做好几个结合。

一是要把解决北京大城市病与促进河北发展相结合。北京集中了大量非首都功能，是造成大城市病的一个重要原因。但这些功能及其所具有的资源却是非常宝贵的，比如优质的教育资源、优质的医疗资源、重要的科研资源、高端生产性服务业以及企业总部资源等，这些资源对于改善一个区域的营商环境、增加对投资和人才的吸引力等，都十分重要。通过疏解，不仅要解决北京的非首都功能过多的问题，也能够对改善河北投资环境和增强吸引力发挥重要作用。

二是要把非首都功能的疏解与促进相关企事业单位的发展相结合。要通过疏解使得这些企事业单位的发展条件、发展环境和发展前景变得更好，而不是变得更差。这就要求在承载地软硬件环境建设上要有更高的标准和更大力度的政策支持。

三是要把分散疏解与集中疏解相结合，把通过行政力量的疏解与通过市场力量的疏解相结合。

雄安新区设立和建设的思路，正是充分体现了这几个结合，不仅能够支持北京非首都功能的疏解，也能够大大改善河北的投资环境。雄安新区具有优越的地理位置和环境条件，通过高标准的城市建设和大力度的政策支持，必将在非首都功能疏解中发挥更大作用。

协同打造创新驱动增长新引擎

问：雄安新区规划建设对于推动创新驱动发展有何重要作用？

答：打造全国创新驱动增长新引擎是京津冀协同发展的一个重要定位和目标要求。应当说，京津冀区域具有非常好的创新增长条件。这里有北京丰富的科研资源，有天津较强的先进制造能力，有河北雄厚的工业基础，也是全国人才资源和资金条件最好的区域之一。但也有短板，那就是河北与北京、天津在发展水平和技术水平方面的落差过大，从而使得北京和天津的科技资源和创新成果难以充分被河北吸收利用，难以成为促进河北产业转型升级的推动力量。

因此，要有效促进京津冀协同打造创新驱动增长新引擎，需要通过搭建一定的平台，充分发挥政府与市场两只手的作用，营造相对有利的吸引创新资源和创业投资的环境，逐步吸引科技成果和创新主体进入这些区域，在促进新区自身发展的同时，通过示范和带动作用，促进河北整个区域产业的升级和创新发展。正因为如此，中央提出的雄安新区的重点任务之一，就是要着力发展高端高新产业，积极吸纳和集聚创新要素资源，培育增长新动能。

协同推进生态修复环境改善示范区建设

问：雄安新区建设对于推动京津冀生态修复和环境改善有何重要意义？

答：生态环境修复与保护，需要区域之间协同努力。雄安新区地处冀中平原和白洋淀水域区域。雄安新区建设要坚持生态优先、绿色发展，建设绿色生态宜居新城区。这为雄安新区建设明确了原则，指明了方向。

雄安新区建设应从三方面促进生态修复环境改善示范区的协同推进。一是"全国意义的新区"和"国家大事"的定位，有利于调动中央和地方两个积极性，特别是有利于调动相关中央部门投入更多的人力物力做好京津冀区域大气和水环境的联防联控。二是有利于促进京津冀三地的积极性和协同努力。三是通过探索人口密集地区创新发展、绿色发展及生态环境保护的经验，对京津冀及其他区域形成示范，促进更大范围生态环境保护的协同推进。

京津冀协同发展专家咨询委员会副组长、中国工程院院士邬贺铨5月2日在接受新华社记者专访时说，雄安新区的设立是新时期区域发展的重大战略举措，是中国经济结构和空间结构调整的重大部署，是城乡协同发展模式的重要探索，是推进经济发展方式转变和供给侧结构性改革的探索实践，是贯彻落实新发展理念的创新示范。

中共中央、国务院印发通知，决定设立河北雄安新区。这是以习近平同志为核心的党中央作出的一项重大的历史性战略选择，是继深圳经济特区和上海浦东新区之后又一具有全国意义的新区，是千年大计、国家大事。

邬贺铨说，继改革开放之初以深圳特区为代表的珠三角开放和20世纪90年代初以浦东新区为代表的长三角发展之后，设立河北雄安新区，这是以习近平同志为核心的党中央深入推进京津冀协同发展作出的一项重大决策部署。

他说，雄安新区作为北京非首都功能疏解集中承载地，将在打造以首都为核心的世界级城市群的布局和调整优化京津冀空间结构中起到关键作用。通过建设雄安新区，将探索人口经济密集地区优化开发的新模式。

邬贺铨说，京津冀协同发展的先手棋是有序疏解北京非首都功能，与无序的分散承载相比，集中承载能够更有效配置资源并实现内涵集约发展。雄安新区地处京津保腹地，区位优势明显、交通便捷通畅、生态环境优良、资源环境承载力较强，现有开发程度较低，发展空间充裕，具备高起点高标准开发建设的基本条件。

邬贺铨说，雄安新区在承接北京非首都功能疏解的基础上，还要以建设绿色生态宜居新城区、创新驱动发展引领区、协调发展示范区、开放发展先行区为目标，经过长期不懈努力，建成高端高新产业集群地、创新要素资源集聚地、扩大开放新高地和对外合作新平台，激发经济社会发展的新动能，打造京津冀创新驱动发展的新引擎，支撑京津冀成为中国经济发展的新增长极。

邬贺铨说，雄安新区的建设目标雄伟、前景美好，但雄安新区的建设与当年的深圳特区和浦东新区所处的区域和历史条件不同。雄安新区建设的机遇与挑战并存，任务艰巨，要保持战略定力和历史耐心，稳扎稳打、久久为功。党中央已有周密部署，按照起步区、中期发展区和远期控制区分阶段建设雄安新区，志存高远又脚踏实地。调动京津冀地区人民的积极性，在全国人民的支持下，冀中大地上一定能够建设起一个新发展理念引领的现代化新城。

新华社评论员：推进京津冀协同发展的千年大计

日前，中共中央、国务院印发通知，决定设立河北雄安新区。这是继深圳经济特区和上海浦东新区之后又一具有全国意义的新区，是以习近平同志为核心的党中央作出的一项重大历史性战略选择，是千年大计、国家大事，是新形势下党中央治国理政新理念新思想新战略的重大实践。

党的十八大以来，习近平总书记多次深入京津冀考察调研，多次主持召开会议，研究决定和部署实施京津冀协同发展战略。设立雄安新区，是以习近平同志为核心的党中央深入推进京津冀协同发展作出的一项重大决策部署。雄安新区规划范围涉及河北省雄县、容城、安新3县及周边部分区域，地处北京、天津、保定腹地，区位优势明显，资源环境承载能力较强，发展空间充裕，具备高起点高标准开发建设的基本条件。规划建设雄安新区，对于集中疏解北京非首都功能，探索人口经济密集地区优化开发新模式，调整优化京津冀城市布局和空间结构，培育创新驱动发展新引擎，具有重大现实意义和深远历史意义。

规划建设雄安新区是一个系统工程。要坚持稳中求进工作总基调，牢固树立和贯彻落实新发展理念，坚持世界眼光、国际标准、中国特色、高点定位，坚持生态优先、绿色发展，坚持以人民为中心、注重保障和改善民生，坚持保护弘扬中华优秀传统文化、延续历史文脉，努力建设绿色生态宜居新城区、创新驱动发展引领区、协调发展示范区、开放发展先行区，努力打造贯彻落实新发展理念的创新发展示范区。

建设好雄安新区，要坚持规划引领，用最先进的理念和国际一流的水准进行规划设计。"谋无主则困，事无备则废。"规划科学是最大的效益。只有坚持先谋后动，集聚各方人才，借鉴国际经验，高标准高质量组织规划编制，开展"多规合一"，科学谋划城市"成长坐标"，才能不留历史遗憾，建成标杆工程，打造城市建设的典范。只有保持历史耐心，尊重城市建设规律，以"功成不必在我"的精神境界，合理把握开发节奏，才能稳扎稳打、有序推进，筑造经得起检验的历史性工程。

建设好雄安新区，要坚持深化改革，不断推进体制机制改革创新。不管是深圳经济特区，还是上海浦东新区，都是因改革而生、因创新而兴。雄安新区的发展壮大，根本上也要靠改革创新。从深化行政体制改革，发挥市场在资源配置中的决定性作用和更好发挥政府作用，到营造吸纳和集聚创新要素资源的制度环境；从创建城市管理新样板，到打造扩大对外开放新高地和对外合作新平台，都需要发扬敢闯敢试、敢为人先的精神，蹚出一条城市建设、发展和管理的新路来。

建设好雄安新区，要坚持以人为本，不断增强市民获得感和幸福感。"人们来到城市，是为了生活；人们居住在城市，是为了生活得更好。"要统筹生产、生活、生态三大布局，建设优质公共设施，提供优质公共服务，打造优美生态环境，构建蓝绿交织、清新明亮、水城共融的生态城市，不断提高城市发展的宜居性，让老百姓得到更多实实在在的实惠。

"孤举者难起，众行者易趋。"规划建设雄安新区，要树立一盘棋思想，加强对新区与周边区域的统一规划管控，避免城市规模过度扩张，促进与周边城市融合发展。河北省要积极主动作为，履行主体责任。各地区各部门要按照职能分工，密切合作，勇于创新，扎实工作，共同推进雄安新区规划建设各项工作。

东方风来满眼春，山河万里起宏图。改革开放以来，建设深圳经济特区和上海浦东新区，有力推动了珠三角、长三角地区发展，为推进改革开放事业和社会主义现代化进程发挥了重要作用。站在当前这个时间节点规划建设雄安新区，更要有大历史观，要有 21 世纪的眼光。让我们紧密团结在以习近平同志为核心的党中央周围，牢固树立"四个意识"，统一思想、提高认识、勇于创新、真抓实干，把雄安新区打造成为新时期改革开放的新地标，为实现"两个一百年"奋斗目标和中华民族伟大复兴的中国梦作出新的更大贡献。

③

高起点高标准推进河北雄安新区规划建设：
专家学者纵论新区建设

中共中央、国务院日前印发通知，决定设立河北雄安新区。这是以习近平同志为核心的党中央作出的一项重大的历史性战略选择。设立雄安新区有何背景和重大意义？新区选址为何定在这里？下一步如何规划建设？新华社记者专访了国家发展改革委主任何立峰。

具有深远历史意义的重大决策部署

问：请介绍一下设立河北雄安新区的背景和重大意义。

答：设立河北雄安新区，是以习近平同志为核心的党中央深入推进京津冀协同发展、有序疏解北京非首都功能作出的一项重大决策部署。雄安新区是继深圳经济特区、上海浦东新区之后又一具有全国意义的新区，是千年大计、国家大事。

北京市人口已经达到2100多万，接近2020年2300万的人口调控目标，由此带来交通拥堵、房价高涨、资源超负荷等大城市病，其深层次原因是承载了过多的非首都功能。习近平总书记多次强调，疏解北京非首都功能是推进京津冀协同发展的关键环节和重中之重。有关部门先后出台了 12 个京津冀协同发展的专项规划，加快推进交通、生态、产业三个重点领域率先突破，强化创新驱动和体制改革，促进基本公共服务共建共享，三个省市也出台了相应的推动京津冀协同发展的规划和实施方案。规划建设雄安新区是疏解北京非首都功能一个非常重要的组成部分。

站在新的历史起点上，规划建设雄安新区，具有重大现实意义和深远历史意义。

一是重点打造北京非首都功能疏解集中承载地，可以有效缓解北京大城市病，与北京城市副中心形成北京新的两翼。

二是有利于加快补齐区域发展短板，提升河北经济社会发展质量和水平，培育形成新的区域增长极，也可以与 2022 年北京冬奥会为契机推进张北地区建设共同形成河北新的两翼。

三是有利于调整优化京津冀城市布局和空间结构，拓展区域发展新空间，探索人口经济密集地区优化开发新模式，打造全国创新驱动发展新引擎，加快构建京津冀世界级城市群。

雄安新区选址经过反复比较、周密科学论证

问：雄安新区的选址是如何确定的？有哪些考量因素？

答：解决大城市病难题，要将北京的非首都功能有力、有序、有效地疏解出去，需要一个集中承载地。客观上，规划建设这个集中承载地既要依托北京、天津、石家庄等现有大城市的资源，又要交通便利，地理条件适中。

雄安新区规划范围涉及河北省雄县、容城、安新 3 县及周边部分区

域，地处京津保腹地，雄安新区规划建设以特定区域为起步区先行开发，起步区面积约 100 平方公里，中期发展区面积约 200 平方公里，远期控制区面积约 2000 平方公里。

综合来看，该区域区位优势明显、交通便捷通畅，现有多条高速公路、铁路，可比较快地基本形成与北京、天津、石家庄半小时的通勤圈；生态环境优良、资源环境承载力较强，拥有华北平原最大的淡水湖白洋淀等；水资源比较丰富，可满足区域生态用水需求；现有开发程度较低，发展空间比较充裕，具备高起点高标准开发建设的基本条件。

雄安新区的选址是从实际出发，经过反复比选、科学研究、专家严格论证后，最终确定了这个区域。

确保一张蓝图干到底

问：规划建设河北雄安新区，下一步有什么工作考虑？

答：中共中央、国务院印发的通知，明确了规划建设河北雄安新区的总体要求和重点任务。下一步，我们将会同有关方面重点做好以下几方面工作。

先谋后动，加快组织规划编制工作。坚持世界眼光、国际标准、中国特色、高点定位，集聚全国优秀人才，吸纳国际人才，充分借鉴国际经验，指导河北省和有关方面高标准高质量组织编制雄安新区总体规划、起步区控制性规划、启动区控制性详细规划及白洋淀生态环境治理和保护规划，确保一张蓝图干到底。

把创新驱动作为新区发展的根本动力，引导创新要素向新区集聚。支持新区从创新载体、运行机制、发展环境等方面营造良好创新氛围，吸引高端创新人才和团队，努力打造创新高地和科技新城。

深化体制机制改革作为新区发展的制度保障。探索新区管理新模式，深化行政管理体制改革；探索新区投融资体制改革，建立长期稳定的资金投入机制，吸引社会资本参与新区建设。

根据新区建设需要，研究提出相关具体支持政策。同时，在专项规划实施、重大项目布局和资金安排上，对新区相关交通、生态、水利、能源、公共服务等重大项目给予支持。

统筹新区与周边地区协调发展。有序集中承接北京非首都功能，实现与北京中心城区、北京城市副中心错位发展。

在规划上，要达到国际一流城市的水平，同时在建筑上要充分体现中华文化的元素，在建设过程当中要精雕细琢，以工匠精神打造百年建筑，留下千年传承。

规划建设雄安新区是具有历史意义的战略选择。我们要更加紧密地团结在以习近平同志为核心的党中央周围，牢固树立一盘棋思想，保持历史耐心，尊重城市建设规律，发扬工匠精神，稳扎稳打，一茬接着一茬干，共同推进雄安新区规划建设发展工作。

京津冀协同发展专家咨询委员会委员、中国城市规划设计研究院原院长李晓江2017年4月7日在接受新华社记者采访时说，雄安新区是一个站在历史新起点、发展新基础上的新区，雄安新区的规划应当注重时代的先进性，体现新时期的规划理念，体现中央城市工作会议对城市发展建设的新要求。

根据中央部署，雄安新区定位为"千年大计、国家大事"，规划建设要有"世界眼光、国际标准、中国特色、高点定位"。

李晓江说，雄安新区规划首先要坚持生态优先，绿色发展。雄安新区地处京津冀大气环境和水环境敏感地区，紧邻"华北之肾"白洋淀，新区开发建设必须以生态环境保护为前提，全面实施生态、绿色发展战略。要充分考虑白洋淀生态水域和当地纵横交错的水网系统的蓝色空间保护，同时构建陆域生态绿色空间体系，形成蓝绿交织的生态体系，使新区的发展融于优良的生态环境之中，建设蓝绿交织、清新明亮、水城共融的生态型新区。

李晓江说，雄安新区的空间布局形式要为探索人口与经济密集地区的优化开发模式作出示范。要摈弃形式主义的布局手法，采用组团式布局方案；要摈弃单纯功能布局和宽马路、大广场，采用多功能混合，密路网、小街区的宜人生活空间组织。要从城市布局上防止"摊大饼"，克服"大城市病"，降低对生态环境的冲击，提高新区发展的灵活度、应变性。

李晓江说，雄安新区规划要充分体现区域协同、城乡一体的理念。在区域层面要加强与北京、天津、石家庄、保定的协同发展，发挥各自的区域作用。在地区层面要加强与雄县、安新、容城三地的协同发展，在城市布局、交通、服务、基础设施上高度协同融合，使雄安新区真正成为引领区域发展的新的增长极，践行新型城镇化的示范区。雄安新区规划要重视公共服务发展，发挥新区为河北省公共服务"补短板"的作用。培育优质的公共服务功能，建设一流水平的教育、医疗等公共服务体系，发展区域型交通枢纽功能。

李晓江认为，雄安新区规划还要坚持多规融合，一张蓝图干到底。新区发展需要综合考虑经济、社会、土地、生态、环境、基础设施、公共服务多方面的发展规划，形成引导新区健康、持续发展的一张蓝图。要吸纳国际机构与人才参与，采纳国际先进标准与技术。要建立高效统一的规划建设管理体制和强有力的技术支撑体系，保障新区总体规划、起步区规划有序实施。

"未来，我们看到的雄安新区将是一个全新概念的国家新区和城市发展模式。"李晓江说，2000 平方公里的地域范围内将形成以白洋淀为核心的优良的自然生态环境；形成以新区起步区、发展区和雄县、安新、容城三个县城构成的布局科学、品质优良的组团式新区；同时建设好经济繁荣、环境优美的广大乡村，保护好田园风光。雄安新区将为中国新时期的城市发展和城镇化走出一条全新的道路，成为国家乃至国际创新发展的成功范例。

"燕赵腹地雄安起，高点定位逾千年。"京津冀协同发展专家咨询委员会委员、中国工程科技发展战略研究院副院长、中国工程院院士谢克昌 2017 年 4 月 8 日接受新华社记者采访时说，雄安新区是继深圳经济特区和上海浦东新区之后又一具有全国意义的新区。

设立雄安新区是以习近平同志为核心的党中央为推进京津冀协同发展所做的又一重要战略举措。谢克昌说，中央做出这一举措是经过深思熟虑的，也是有科学咨询支撑的。要认识到，建设雄安新区既是改革创新的需要，以便探索人口经济密集地区优化开发新模式，疏解北京非首都功能，也是现实发展的需要，打造京津冀经济发展新增长极，更是借鉴传承的需要。将为城市发展提供探索新的发展路径，也将在未来为很多区域疏解、承接起到示范作用。

"设立雄安新区是打造疏解非首都功能集中承载地的必然要求。"谢克昌说，雄安新区距离北京 100 公里左右，距离适中，既可以通过交通一体化建设疏解北京非首都功能，又不会一圈圈被动地围着北京"摊大饼"式发展。

在谢克昌看来，北京作为全国的首都，集聚了政治、文化、金融、商贸、科技、教育、医疗、交通等功能。由于虹吸效应带来京冀之间发展的巨大落差，并落下严重的"大城市病"——交通拥堵、雾霾锁城、房价居高不下。

他指出，以雄安新区建设为核心，建造发展定位高、公共服务能力强、产业结构优的新城，疏解北京非首都功能，将为河北注入全新的高端产业，驱动河北省的发展，撑起京津冀的腹地，打造"京津保"新三角，推动京津冀协同发展，并带动中国北方的改革开放。

作为京津冀协同发展专家咨询委员会能源与环境组组长，谢克昌尤其关心雄安新区如何实现高起点建设。

"雄安新区最大的优势是区位条件好，现有开发程度较低。"谢克昌说，新区建设要做到中央部署的"四个坚持"，即坚持世界眼光、国际标准、中国特色、高点定位；坚持生态优先、绿色发展；坚持以人民为中心、注重保障和改善民生；坚持保护弘扬中华优秀传统文化、延续历史文脉。要完成"七大任务"并瞄准建成绿色生态宜居新城区、创新驱动发展引领区、协调发展示范区、开放发展先行区的功能定位。

他建议，新区建设下一步应立足已有生态环境基础相对优势，坚持生态优先绿色发展，打造绿色、森林、智慧、水城一体的新区。优先加强生态建设，严格区域环境保护，划定生态红线、永久基本农田和城市开发边界，加强耕地保护，加大造林和湿地恢复力度，构建蓝绿交织、清新明亮、水城共融的生态城市。

此外，谢克昌说，随着我国改革开放进入深水区，雄安新区建设中也要克服已有的路径依赖和经验的僵化与惰性。相比深圳经济特区和上海浦东新区，雄安新区肩负着培育创新驱动发展新引擎和解决"大城市病"问题的责任，也被赋予了探寻走出"深水区"的使命。

京津冀协同发展专家咨询委员会委员、清华大学交通研究所所长陆化普 2017 年 4 月 5 日在接受新华社记者专访时说，为避免重蹈"现代城市病"之覆辙，雄安新区应做好综合交通系统的顶层设计，建设绿色智慧交通系统。

陆化普说，雄安新区是非首都功能疏解的集中承载地，也是具有综合城市功能的现代化新城，是京津冀协同发展的"发动机"之一。这是由建设以首都为核心的世界级城市群的功能定位决定的，是由解决"现代城市病"的城市发展目标决定的，是由创新发展理念决定的。

他指出，作为非首都功能疏解的集中承载地，要求雄安新区交通发达、环境优雅、集约高效；要求有便捷高效的对外交通、富有魅力的创业环境、宽松有利的成果转化条件和激励机制；要求构建生态城市，实现居住与就业均衡、公共设施和生活设施配套完善，建设绿色交通主导的综合交通系统。

陆化普说，绿色智慧交通系统的建设是实现雄安新区发展目标的重要一环，解决好三大问题非常关键。

首先，雄安新区与京津实现"零阻抗"的交通联系是新区建设的重要目标之一。陆化普说，京津冀三地中，北京是人才最集中的地方，充分利用北京的人才优势，是建设世界级城市群的关键之一。雄安新区能否真正大量吸引高端人才投身新区发展，关键有两点：一是交通方便；二是在新区能够充分实现高端人才价值。为实现这一目标，雄安新区与京津之间交通的高效便捷联系对雄安新区的发展将起到决定性作用。同时，雄安新区要建设开放发展先行区，实现与京津冀三地机场"无缝对接"也是必要之举。

其次，雄安新区内部交通系统的发展目标是建设绿色交通主导的综合交通体系。陆化普说，新区应以轨道交通为骨干提供通道运输服务，以常规公共汽车交通为主体实现高可达性，以共享单车为补充，建设末端交通绿色、先进、高度智能化的世界一流交通系统。

他说，借鉴国际城市交通发展经验，实现交通枢纽与周边用地的一体化开发是建设生态城市和绿色交通系统的关键。在雄安新区综合交通枢纽规划建设中，改革土地取得与使用模式、突破单一用地功能制约、真正实现交通设施和周边用地一体化开发，是新型城镇化阶段影响深远、造福后代的创新发展之举。

最后，陆化普说，在交通服务智能化水平不断提高的背景下，雄安新区必将是先进交通系统展示的机遇、智能交通系统大显身手的舞台。新一代智能公交系统、智能停车系统、智能交通管理系统、智能物流系统、智能共享单车系统等将会走进新区生活。

陆化普说，雄安新区地理区位和生态环境优越，发展起点高、创业条件好，具有宜居、宜业、宜游的综合优势，将成为空间布局合理的京津冀世界级城市群中的重要支撑。在新区发展过程中，提供便捷高效、安全可靠、绿色环保的综合交通服务，必将发挥交通系统的支撑和引领作用，助推雄安新区崛起。

十八大以来，习近平这样谋划京津冀协同发展

人间四月天，党中央国务院决定在河北设立雄安新区的消息如同春雷乍响，引发网络刷屏，举世热议。

一个堪与深圳经济特区和上海浦东新区媲美的全球金融和科技中心，将如春芽破土而出。

成如容易却艰辛。这件"国家大事""千年大计"，经过多年酝酿论证和京津冀协同发展的三年实践，一步一步地脱颖而出。

从"双城记"到"京津冀协同发展"

京津冀，涵盖北京、天津两大直辖市和河北省11个地级市，人口超过1亿，GDP占全国的十分之一以上。三地本可以依靠政治、经济、文化等一系列资源共享，实现一加二大于三的效果，然而现实并非如此。

一则网上流传的"段子"比喻这种窘境：京津冀的汉语拼音分别是jing、jin、ji，字母依次递减，"体型"越来越"瘦"。首都超大城市的虹吸效应"吸"走了周遭的发展能量，区域发展差距悬殊。而北京，则又因功能臃肿患上了严重的"大城市病"。

太"瘦"不健康，太"胖"也不健康。京津冀必须协同发展。

2013年5月，习近平在天津调研时提出，要谱写新时期社会主义现代化的京津"双城记"；同年8月，习近平在北戴河主持研究河北发展问题时，提出要推进京津冀协同发展。

"协同"，成为此后京津冀区域经济发展的核心主题。"协同"一词，涵盖了有序合作、整体加强、共同获益的区域发展理念。

"京津冀协同发展意义重大，对这个问题的认识要上升到国家战略层面。"2014年2月26日，习近平在北京主持召开座谈会，在讲话中特别强调京津冀优势互补与协同发展，并首次将之上升为国家战略。

"大家一定要增强推进京津冀协同发展的自觉性、主动性、创造性"；"自觉打破自家'一亩三分地'的思维定式，抱成团朝着顶层设计的目标一起做"；"要坚持优势互补、互利共赢、扎实推进，加快走出一条科学持续的协同发展路子来"……

习近平多次做具体指导。他有信心，京津冀地缘相接、人缘相亲，地域一体、文化一脉，历史渊源深厚、交往半径相宜，完全能够相互融合、协同发展。

先谋后动规划引领

在协同发展蓝图指引下，十八大以来，习近平多次深入京津冀考察调研，多次主持召开座谈会研究部署，京津冀协同发展的战略布局越来越清晰。

先谋后动，规划引领的理念一直贯穿于习近平关于城市建设的思路中。

2014年，习近平考察北京时指出，城市规划在城市发展中起着重要引领作用，考察一个城市首先看规划，规划科学是最大的效益，规划失误是最大的浪费，规划折腾是最大的忌讳。

3年后，习近平再次在北京考察时强调，北京城市规划建设和北京冬奥会筹办工作是当前和今后一个时期北京市的两项重要任务。

他指出，北京城市规划要深入思考"建设一个什么样的首都，怎样建设首都"这个问题，把握好战略定位、空间格局、要素配置，坚持城乡统筹，落实"多规合一"，形成一本规划、一张蓝图，着力提升首都核心功能，做到服务保障能力同城市战略定位相适应，人口资源环境同城市战略定位相协调，城市布局同城市战略定位相一致，不断朝着建设国际一流的和谐宜居之都的目标前进。

"城市规划建设做得好不好，最终要用人民群众满意度来衡量"。前后两次考察北京，习近平都不断重申"人民城市为人民""务必坚持以人为本"的发展理念。

破除体制机制障碍是关键

京津冀区域联动问题，这么多年过去了还在不停地打磨。三地长期存在的体制机制问题，让协同发展难度大，不可能一蹴而就。

习近平对此开出了良方：以全面深化改革为抓手，努力破除制约协同发展的各种障碍。

"思路要明确，坚持改革先行，有序配套推出改革举措"；"要坚持协同发展、重点突破、深化改革、有序推进"……

3年多来，习近平多次强调，改革的关键是要破解三城联动发展存在的体制机制障碍。

一系列改革"硬办法"应时而生：2015年，中央政治局通过《京津冀协同发展规划纲要》,《"十三五"时期京津冀国民经济和社会发展规划》于2016年发布实施，京津冀交通、生态、产业等12个专项规划和一系列政策意见相继出台。

京津冀三地也开启了全面深化改革"加速度"，伴随"国家动力"的注入，三地原本各自为政的改革，变得越来越协作化、系统化，行动也"快马加鞭"起来。

北京，服装批发市场外迁；天津，大气污染治理、交通等方面互联互通；河北，"组合拳"淘汰过剩产能……

一场势在必行的改革行动让京津冀三地动起来、活起来、热起来了。

而新设立的雄安新区，七个方面重点任务之一就是，"推进体制机制改革，发挥市场在资源配置中的决定性作用和更好发挥政府作用，激发市场活力"，用改革创新这把锋刃，从根儿上撬动区域利益协调的痛点和难点。

步步踏石留印

雄安新区将与北京城市副中心形成"两翼"，为京津冀协同发展提供强劲的驱动力。她不会简单复制深圳和浦东，而是要开创国家新区和城市发展的全新模式。

习近平强调，雄安新区不同于一般意义上的新区，其定位首先是疏解北京非首都功能集中承载地，重点承接北京疏解出的行政事业单位、总部企业、金融机构、高等院校、科研院所等，不符合条件的坚决不能要。

他明确指示，要建设一座以新发展理念引领的现代新型城区。

这意味着，雄安新区将是一座新发展理念的实践之城，将为破解"大城市病"、打通三地发展障碍，建设现代化城市提供样本，提供可复制可推广的经验。

"这是我们城市发展的一种新选择。"习近平说。

习近平指出，疏解北京非首都功能、推进京津冀协同发展，是一个巨大的系统工程。"方法要明确，放眼长远、从长计议，稳扎稳打、步步为营，锲而不舍、久久为功"，"必须一件一件事去做，一茬接一茬地干，发扬'工匠'精神，精心推进，不留历史遗憾。"

从京津冀协同发展战略的提出，到雄安新区的设立，以习近平同志为核心的党中央步步踏石留印。

又一个"春天的故事"写下了序章。

首季经济增长"开门红" 构建协同发展新格局

6.9%、8.0%、6.5%——京津冀三地一季度经济增长的"成绩单"近日先后出炉。在三地统计部门看来，京津冀一季度的经济形势稳中向好，实现良好开局。概括京津冀一季度经济运行态势时，三地有关部门都不约而同地使用了"开门红"或"开门好"。京津冀全力推进协同发展，产业协同在一季度取得新突破。河北雄安新区设立后，将与北京城市副中心共同形成北京新的两翼，推进张北地区建设共同形成河北新的两翼。两对"两翼"将为京津冀协同发展构建崭新格局，增添强劲动力。

三地交出稳中向好"成绩单"

初步核算，一季度北京市实现地区生产总值6040.5亿元，按可比价格计算，同比增长6.9%。

北京市统计局副局长庞江倩表示，2017年一季度，北京市经济运行平稳向好，全市经济实现良好开局。一季度第二产业实现增加值1090.2亿元，增长8.1%；第三产业实现增加值4932.2亿元，增长6.6%。同时，新动能孕育成长，主要表现为"增长有后劲""创新有活力"和"结构有升级"。

根据天津市统计局的数据，一季度天津全市生产总值4667.18亿元，按可比价格计算，同比增长 8.0%。其中，第一产业增加值 24.22 亿元，增长 3.0%；第二产业增加值 2091.77 亿元，增长 7.2%；第三产业增加值 2551.19 亿元，增长 8.7%。

在天津市一季度经济运行分析座谈会上，天津市市长王东峰表示，一季度天津市经济运行稳中有进，发展质量效益不断提升，供给侧结构性改革和重点领域改革扎实推进，新旧动能加速转换，群众生活持续改善，经济社会发展实现了良好开局。

一季度，河北省生产总值 7512.4 亿元，同比增长 6.5%。其中，第一产业增加值 580.6 亿元，增长 3.4%；第二产业增加值 3672.6 亿元，增长 4.1%；第三产业增加值 3259.2 亿元，增长 10.2%。

"总体看，整体经济平稳开局、稳中向好，经济企稳回升的态势继续增强，实现了'开门好'。"河北省统计局副巡视员田艳说，今年一季度，河北省经济增长率保持了上年同期水平，与 2014 年和 2015 年同期相比呈现回升态势。

产业协同取得新的进展

今年 1 月初，涉及机器人、电力、金融等行业的 20 个央企项目集中落户天津，投资总额 1217 亿元，拉开了 2017 年京津冀地区密切合作的序幕。

天津市统计局数据显示，一季度天津引进京冀投资项目 864 个，投资额 576.30 亿元，占全市实际利用内资的 42.9%，同比提高 0.3 个百分点，其中引进北京项目 273 个，到位资金 513.57 亿元，增长 20.5%。

在河北，一些承接北京非首都功能的项目正相继落地。今年 2 月 24 日，作为河北省重点项目，承接北京疏解服装生产企业的河北沧州"东塑明珠服饰文化产业创意园"奠基。截至目前,已有1400多家北京服装生产企业签约落户这里,准备实现"二次创业"。

东塑集团董事长于桂亭介绍,该项目总投资100亿元,首期预计可承接北京服装生产企业5000余家,年新增销售收入100亿元,可提供就业岗位约10000个。刚刚奠基的是占地2万亩的服饰化产业园,还将配套1万亩综合生活园区,建成后将形成30万产业工人的规模。

记者了解到,三地产业对接协作正深入开展。目前,曹妃甸协同发展示范区管委会组建完成;北京新机场临空经济区联合工作领导小组组建方案正加紧制定;天津滨海—中关村科技园自去年揭牌以来新增注册企业80家……

河北工业大学京津冀发展研究中心常务副主任张贵表示,京津冀协同发展国家战略出台3年多来,产业协同持续推进,促进三地产业结构优化调整升级。

"两翼齐飞"增添强劲动力

4月1日,设立河北雄安新区的消息对外发布,这对京津冀协同发展、有序疏解北京非首都功能具有重大意义。

国家发展改革委主任何立峰表示,规划建设雄安新区,重点打造北京非首都功能疏解集中承载地,可以有效缓解北京"大城市病",与北京城市副中心形成北京新的两翼;有利于加快补齐区域发展短板,提升河北经济社会发展质量和水平,培育形成新的区域增长极,同时推进张北地区建设,共同形成河北新的两翼。

"两翼齐飞"将为京津冀协同发展构建崭新格局,为三地经济发展增添强劲动力。

记者了解到，北京将深入研究城市副中心功能定位，抓紧编制通州区总体规划，努力打造与雄安新区'两翼齐飞'的发展格局。下一步将加快完成城市副中心详细规划编制工作，完善综合交通、生态环保等专项规划，出台重点区域和重点功能节点城市设计导则。

河北雄安新区临时党委委员、筹委会副主任牛景峰介绍，河北雄安新区正在按照中央部署和省委要求，组织一流机构、一流人才，精心抓好各项规划编制工作。同时，计划将30平方公里启动区的控制性详规和城市设计面向全球招标，开展设计竞赛和方案征集。

河北省委书记赵克志表示，要加强雄安新区与张北地区的协调发展，按照打造河北发展两翼的要求，把新区打造成为带动河北发展的新引擎、新动力源，把张北地区打造成为冀北发展新高地；要加强新区与京津的协同发展，坚持在对接京津、服务京津中加快发展自己，积极推进与京津的融合发展；要加强新区与全省的联动发展，推进经济社会发展向更高层次迈进。

（新华社北京 2017 年 4 月 29 日）

第六章

他山之石　全球问计

①

大城市建设的东方样本：东京都市圈

　　它，与北京一样同为国家政治中心；它，同样是中央政府部门、大公司总部、著名高校、医院、科研机构云集的核心区域；而与北京不同的是，它没有城市发展的"肥大症"；它，就是日本首都东京。

　　早在加速工业化和城市化进程中，日本就形成了以东京、大阪、名古屋为代表的三大都市圈。其中东京（或首都）圈作为三大城市圈之首，堪称日本经济发展最大的核心。如今，在"都市圈"的发展思路下，东京正焕发着新的活力。

　　东京圈主要指关东地区1都6县（东京都以及神奈川县、千叶县、埼玉县、茨城县、栃木县、群马县）。其中，东京都主要下辖23个区（主城区）和26个市（郊区）。根据官方资料，东京都面积约2188平方公里，总人口约1330万人，人口密度超过每平方公里6000人。整个东京圈则拥有全世界最大的都市群，总人口约3700万人，约占日本总人口的30%，GDP总量也高居世界都市圈之最。

　　东京都市圈的发展先后经历了多次规划，1985年，日本国土厅大东京都市圈整备局对区域改造进行了规划，将大东京都市圈进一步分成几个自立性的区域，在它下面又细分为业务核心城市和次核心城市，配置政府机关、业务、金融、信息服务等中枢机构或会议场所，培育出自立性强的都市圈，并对各自的职能进行了相对明确的分工。政府根据区域职能分工，进行科学合理的投资。

1999 年 3 月，日本政府确定了东京都首都圈的"圈域营造战略"，再次强调了建立区域多中心城市"分散型网络结构"空间模式的设想。实现以据点城市为中心，彼此相对独立并能方便交流联系，从而互相分担城市职能的自立、互补、高度、水平、分散化网络型区域空间结构。

经过多年发展，目前，大东京都市圈的中心城市——东京为整个城市群体的中枢管理城，它的主要功能是对整个城市群体的政治、经济活动实行集中、统一的组织管理，其他城市的活动是在中心城市的统一规划下展开的，这些不同类型的城市在一定程度上减轻了工业过度集中带来的住房紧张、环境污染和交通拥挤等问题。

从某种程度上说，东京都市圈的发展是"顺势而为"或"不得已而为之"，也可以说是在经济规律的作用下聚合形成的。

日本作为一个岛国，山地较多，平原较少，发展的空间有限，关东地区从地理上具有先天发展的优势。东京濒临太平洋，海运和航空运输发展也具有地理优势，这使得东京不仅是日本国内经济的中心，也是日本与海外经贸关系的枢纽中心。这种经济区位优势吸引着日本国内国际的大公司开设据点，形成了活跃的经济圈。

此外，东京还拥有世界上最完善的立体道路交通和轨道交通网络，公共交通利用率极高，轨道交通拥挤而有序。可以说，正是全世界最密集的轨道交通网托起了整个东京都市圈，在这里，地铁和电车成了绝大多数人每天要依赖的交通工具。轨道交通输送人流，港口码头承载物流，依托这样的交通网络，东京圈充满活力。（原载于《国际先驱导报》，2014 年 3 月 14 日，作者彭茜、刘嘉、华义）

②

"繁荣的巴黎与荒芜的法兰西"：
巴黎大区的经验

在将近一千年的时间里，巴黎都稳坐"西方世界最大城市"的宝座。不过，19 世纪中叶经过奥斯曼的改造后，巴黎才成为一座现代都市。

奥斯曼对巴黎社会与经济空间的体系化改造，重塑了这座城市。但这不是巴黎的最后一次改造，此后的巴黎经过屡次改造，才形成目前巴黎的城市样貌。

现在核心的巴黎市，主要是大环城公路以内的区域，面积只有 105.4 平方公里，人口 200 多万。而巴黎大区则囊括了巴黎市和周围的七个省，面积达 12000 平方公里，人口约 1000 万，几乎占全国人口的五分之一。

20 世纪 60 年代，巴黎启动新城计划，最后形成了五座卫星城，将工业、金融业等迁出了中心区，打破了单一发展中心城区的模式，一定程度上解决了大城市病。

多位受访专家向 21 世纪经济报道记者表示，中国的大城市病应该通过卫星城去解决，而卫星城要有较强的稳定的功能，定位要明确，和主城区的交通联系要方便，比如巴黎的地铁（Metro）和城郊快线（RER）站点密布，将市区与其他地区联系起来。

相比之下，北京的卫星城规划相对较晚。而且，巴黎的卫星城主要是为了解决居住和就业的平衡，但北京核心城区聚集了众多的城市功能，需要疏解更多功能，尤其央企的总部集聚等问题引起了多方的议论。

扩建 5 座卫星城疏散人口

历史上，巴黎大区经历过无数次市政规划与建设。

二战后，巴黎人口增长迅猛，原先产业集中在城市核心区内，城区边缘主要为住宅群的格局，所造成的问题日益突出。

大量人口涌入首都巴黎，而巴黎以外的外省地区被抽空，加剧了首都与其他地区的发展不平衡。1947 年，法国经济学家让·弗·格拉维埃在其著作《巴黎与法兰西荒漠》中，把这种现象称为"繁荣的巴黎"和"荒凉的外省"。

20 世纪 60 年代，巴黎启动新城计划，扩建卫星城，将中心市区的产业人口向外迁移。

如今，巴黎大区主要包括巴黎市和周边七个省。巴黎市俗称"小巴黎"，面积只有 105 平方公里，以一条环小巴黎的环城道路为界，比上海内环线内的面积还小。

巴黎大区则包括巴黎市和其周围的上塞纳省、瓦勒德马恩省、塞纳－圣但尼省、伊夫林省、瓦勒德瓦兹省、塞纳－马恩省和埃松省。这七个省又可以分为内圈的三个省和外圈的四个省。

"因为巴黎市区太小，所以决定它的新功能必须是在市区以外的地方。"华东师范大学中国现代城市研究中心主任宁越敏告诉 21 世纪经济报道记者。

巴黎五座卫星城的建设，是在巴黎市外圈和内圈的三个省内。这五座卫星城，从北开始按顺时针方向依次是：西北的赛尔基 – 蓬杜瓦兹，东边的马恩 – 拉瓦莱，东南的默龙 – 色纳，南边的埃夫里，西边的圣康丁 – 昂 – 伊夫利纳。

这些卫星城距离城市中心平均 25 公里左右，交通便利且集聚了各种产业，比如著名的迪士尼乐园就位于新城之一的马恩 – 拉瓦莱。

法国人习惯将卫星城称作"新城"。法国新城运动的目的较为单一，主要是为了疏散人口。

二战后，巴黎的人口增长极其迅猛（年均超过 1%）。1946 年，巴黎城区宣布停发建设许可证，同时鼓励在郊区建造房屋。逐渐形成了以市区为中心，商业、金融、行政等主要集中在市中心核心区内，城区边缘则主要为住宅群的格局。

由于郊区商业设施匮乏、交通不便、就业机会少，造成居住地和工作场所之间的距离增加、交通紧张，使得这座城市的矛盾加剧。

多番尝试后，巴黎选择了卫星城建设。法国政府为这次改造做了大量规划。1961 年专门成立了"地区规划整顿委员会"，统一领导巴黎市的城市规划和建设。同时，在巴黎大区设置了"巴黎大区城市规划与开发研究所"，对巴黎大区的建设提出规划和方案。

1963 年出台的《巴黎大区规划指导方案》和 1964 年编制的《巴黎地区国土开发与城市规划指导纲要 1965—2000》，规划在巴黎周围设立了 8 个（后改为 5 个）人口规模介于 30 万—100 万之间的新城，形成多中心的区域空间格局。

并非所有的卫星城都成功

根据多位专家的考察调研，巴黎的 5 个新城中，最成功的是迪士尼所在的马恩－拉瓦莱新城和西北的赛尔基－蓬杜瓦兹。

"科研力量主要集中在马恩－拉瓦莱，商务活动、总部经济的功能在马恩－拉瓦莱和赛尔基－蓬杜瓦兹都比较多。"宁越敏说。

同济大学建筑与城市空间研究所所长郑时龄在接受 21 世纪经济报道记者采访时指出，巴黎大区规划和卫星城的建设值得北京、上海等大城市借鉴，但不同国家不同城市应该区别对待，毕竟存在着多维度的差异。

目前，巴黎大区的面积（12000 平方公里）小于北京城的面积（16400 平方公里）；但巴黎大区目前人口只有 1000 万，也远少于北京的 2171 万多。可见，巴黎大区的人口密度小于北京。

巴黎市的人口几十年一直保持在 200 万左右，这在很大程度上得益于巴黎大区的规划。资料显示，1975 年—1984 年，巴黎新城增加的人口占整个巴黎大区域新增人口的 47%，这些迁入人口中的四成来自中心城区。

中法两国处在不同的发展阶段，目前巴黎大区在整个法国的人口占比一直在下降，其他地区的人口增长较多。而中国目前还处于快速城市化阶段，大量的外来人口涌进北京、上海等大都市。

"中国的区域差别较大，北京又聚集了那么多的功能，有那么多的中央政府机构、事业单位和央企，必然导致人口大量往北京集聚。"宁越敏说。

他和郑时龄都特别强调，北京的功能疏解，首先应该是体制改革，企业总部不必都集中在北京，"所以这次很多央企表态要支持雄安新区建设。"

另一方面，城市病和城市人口密度没有必然的关系，而是与规划、交通、文化等都相关。

在郑时龄看来，巴黎的轨道交通系统非常值得学习，"主要是它的RER 线，用铁路支持公交运营，市区的地铁和郊区的大站铁路虽然由不同公司运作，但使用同一张卡，市区和郊区之间衔接顺畅。"

他指出，城市的轨道交通应该是多模式的，中国应该采用铁路支持、公交运营，人数少时可以开大站车。

当然，巴黎的卫星城并不是都成功了，这些经验教训可以供中国借鉴。

"有些规划带来的意见还挺大，也没有解决一些社会矛盾。"郑时龄说，2005 年巴黎郊区爆发社会骚乱，主要原因是人口疏解之后，居民成分太集中，而大区没有行政职能，只是协调机构，很难处理这类事件。

（原载于《21 世纪经济报道》，2017 年 5 月 1 日，作者姚建莉）

③

以色列创新之城：海法

在全球素有"第二硅谷"之称的创新之城海法，支撑着以色列以弹丸之地科技立国的雄心。而海法的建设经验，或许也将为雄安新区规划提供借鉴。

海法作为以色列第三大城市，人口只有 30 万左右，面积只有 60 平方公里，与河北雄安新区远期规划的 2000 平方公里，总人口 200 万—250 万，几乎不在一个量级。但海法却集聚了在全球创新格局中颇具影响力的高科技园区，产生了三个诺贝尔奖获得者，全球顶级科技公司大多在此设研究中心。

实际上，我国的创新之城深圳与海法也早有交流，深圳与海法本身是友好交流城市。深圳很多对人才的奖励，设立风险投资基金等，就是借鉴了海法等城市的经验。现任河北省省长许勤此前在深圳任职期间，就多次与海法进行交流。

要想成为科技新城，首先应该有便捷的交通，同时要有良好的创新氛围和便利条件，这除了要发挥市场作用外，行政力量的推动也必不可少。

"可以利用行政手段使人口向雄安地区转移，同时还需要一些配套的政策，以及市场化的机制来推动科技创新发展。"华东师范大学城市与区域科学学院院长杜德斌，谈到雄安新区如何借鉴以色列海法的经验时说。目前华东师大与以色列海法大学有各种交流和研发等合作项目。

如何集聚人才？

海法的城市规模尽管非常小，但是却有以色列最大的科技和工业园区，有国际高技术公司在此地设有分公司进行生产和研发。

海法产业种类比较多，有化工、军火、造船、生物医药等产业，有海法大学和以色列工业技术研究学院等。海法之所以能发展成为科技新城，与其科技研发强调应用转化有关。

盘古智库理事长易鹏认为，海法是一个非常开放的城市，世界很多研发机构都和海法本地的科研机构合作。但是中国很多科研机构尽管研发力量强，但不太注重应用转化，科技转化率不高。

易鹏认为，海法是一个以市场化为主导，国际化配置资源的开放型城市，其次，海法的人口流动集聚、科学的人才培育机制，这些都是雄安新区建设可以借鉴的。

"雄安新区要承接北京的非首都核心功能，主要还是应该实现人才之城，而不是人口之城。"易鹏说。如果雄安新区要实现人才的集聚首先需要的就是人才的引入。

21世纪经济报道记者了解到，目前河北雄安地区有约130万人口，按照远期规划的200万—250万人口，未来要新增加100万左右的常住人口。

雄安新区将重点承接北京疏解出的行政事业单位、总部企业、金融机构、高等院校、科研院所等。这显然要包括北京目前这些单位和机构的部分人员，也包括未来新进入北京的人员。

近期各科研机构、大学和央企纷纷表示要参与雄安新区建设，其中北京航空航天大学提出结合学校实际在雄安新区的建设中发挥积极作用，北京理工大学提出积极参与雄安新区建设，力争在医工融合等方向上取得突破。中科院提出动员全体科研人员投身科技创新服务雄安新区建设工作，还将拟订中科院支持和服务雄安新区建设发展的科技布局规划。针对雄安新区高端高新产业发展重大需求，引导重大科技项目和科技成果在当地转移转化。

但是由于目前雄安地区还待开发，同时北京地区的各类公共服务水平高，要直接迁移户籍在北京的科技人员到河北雄安可能还需要时日。

杜德斌认为，创新的唯一原材料就是人才，以色列海法的城市规模很小，但是海法有大学和研究机构以及人才集聚。对于雄安新区而言，除了依靠行政手段聚集大学和科研机构外，怎样吸引企业到那边去发展才是关键，因为企业发展后人才自然就会集聚。所以雄安新区更需要一个好的体制机制来促进科技产业的发展和人才的聚集。

政府怎样支持创新？

以色列海法的科技产业，其实也离不开政府的推动，以及创新文化的形成。

比如以色列政府各部门都设有首席科学家办公室（The Office of the Chief Scientist），这种办公室代表政府帮助社会和企业开展商业性的研究与开发提供资金资助。该办公室下设多个部门，有科学家，也有从事风投的各类人员，每年该办公室拿出的资金有数亿美元，对国内外项目进行资助。

此外，海法政府也设立了风投基金，年度投资总额数千万美元，与持股企业共担风险，目的是鼓励创新实现产业化。

中国现代国际关系研究院中东研究所研究员陈双庆认为，以色列的科技创新突出特点是政府鼓励创新，尤其是，他们对中小企业的科研支持值得中国借鉴。

"他们的资金支持落实很快，周期很短。"陈双庆介绍说，创业者从租房子到买设备，以及其他各方面，都有各类服务的跟进。而且以色列支持科研机构和大学的很多研究项目与实践应用联系很紧，强调成果转化。

当地的公司兼并重组比较快。"可能几个小公司拿了政府的钱研发了一定的技术后，大公司会用更多的资金买下技术，进行更大的研发，进而推动创新更快地发展。雄安新区建设科技新城也要注重科技成果应用。"陈双庆说。

目前，深圳也有为数不少的风险投资资金，政府也建立了风投引导基金。不过，这与海法以及以色列各地的首席科学家办公室的资金支持力度有所不同。

据了解，以色列政府出资的项目可以完全没有回报，失败了也不需要偿还一分钱。即使成功，也只需要给定利润3%—5%给首席科学家办公室进而支持其他项目。

而这些被支持的项目，主要是"种子前公司"，帮助科研机构和产业界建立关联联系。

值得指出的是，海法以及以色列的各类教育机构，都十分重视研发和应用。各类中小学以及大学的课程都鼓励创新实验，很多课外项目的研究也非常支持。而研发资金，除了来自政府部门的外，各类风投公司也很多。

易鹏认为，海法和雄安其实还是两个禀赋相差较大的城市。首先犹太人与中国人的教育体系不尽相同；另外海法与雄安新区的城市性质和人口规模也没有可比性。

但是海法经验还是可以借鉴到雄安新区的建设中，"比如雄安要重点建设高校和科研院所，同时要培养强大的创新氛围，要聚集人才，实现顶尖的人才支持。"他说。（原载于《21世纪经济报道》2017年5月1日，记者定军，实习生郑晓彬）

④

纽约与新泽西：美国大城市的衰落与重生

纽约大学的中国留学生易帆住在与纽约隔河相望的新泽西州，每天只需穿过哈德逊河，大概半个小时就能到达学校。

易帆告诉 21 世纪经济报道记者，看似每天要往返于两个州，实际上去往纽约市中心非常方便。她的很多朋友与她一样，在纽约学习工作，在新泽西居住。

"我认识的大多数美国人不住在纽约中心，并不是因为住不起，而是成家立业之后周边郊区的生活环境质量更好，更有利于带孩子。纽约城区的居住环境太拥挤陈旧，在第五大道这样的地方买个 townhouse（联排别墅）的钱，在郊区可以买到更大、更新的宅子。"易帆说。

这些美国朋友的选择，折射出的是纽约日益凸显的"大城市病"。

纽约作为国际化大都市，比其他城市更早地遭遇到人口膨胀、交通拥挤、住房困难、环境恶化、资源紧张等问题。那些更在意生活质量的纽约人便前往周边地区，寻求更好的居住环境。

各种要素集聚纽约

纽约位于纽约州东南部，是美国人口最集中的地方。

优越的地理区位造就了纽约最初的发展。它拥有世界天然深水港之一——纽约港，依托于海洋贸易，18、19 世纪，纽约与沿岸的费城、波士顿等发展成美国较为发达的城市，为之后的城市化奠定了基础。

19 世纪后期，美国快速工业化，纽约成为全美最大的工业基地。20 世纪 30 年代期间，纽约经济得到了空前的发展，高楼林立，电车、汽车开始普及。郊区人口、工厂和企业纷纷向纽约聚集，城市规模迅速膨胀，加快了纽约城市化的速度。

20 世纪 60 年代间，有 160 多家全球最大的跨国公司总部设在纽约。到了 80 年代，纽约在经济和城市化的发展推动下，成为全球性的生产要素配置中心。

其间，美联储在纽约设立总部，奠定了纽约作为全美金融中心的地位。1946 年，联合国将总部设置在纽约，又提升了纽约的国际政治中心地位。这些都导致了资源、人口、企业等进一步向纽约集聚。越来越多的金融机构在这里设置，纽约成为继伦敦之后世界上第二个全球金融中心。

此后，纽约更超过伦敦跃居国际金融中心之首，以曼哈顿区下城的华尔街为龙头，纽约深刻地影响着世界金融格局的变化。

根据世界银行公布的 GDP 排名，2016 年纽约 GDP 是 9006.8 亿美元，总量仅在东京之后，但由于人口远远少于东京，人均 GDP 在东京之上。根据 2014 年的数据，纽约人均 GDP 为 5.7 万美元，东京为 3.7 万美元，北京、上海的 GDP 在 1.5 万美元左右。

与此同时，纽约人口也出现激增。根据美国人口调查署数据，2015 年，纽约市人口达到 855 万，几乎相当于全美排名第二的洛杉矶、排名第三的芝加哥和排名第五的费城三座城市人口总和。

纽约的郊区化运动

对于纽约这座国际化大都市，美国留学生魏依依内心本来充满期待。可当她来到纽约广场，看到街边堆满的大的黑色塑料袋、来来往往的人群、陈旧的基础设施，魏依依觉得纽约和想象中的并不一样，甚至有些"脏乱"。

魏依依的感受是纽约"大城市病"的一个缩影。在纽约逐渐跻身世界经济中心的过程中，由于城市规模的迅速膨胀，纽约中心城区积累了一系列的社会问题。如水资源紧缺、土地资源紧张、交通堵塞、环境污染等，早期人口的快速集聚还带来过中心城区犯罪率的上升。

因无法忍受市中心糟糕的环境，一些纽约的富人阶层最先"逃离"市中心前往郊区。据一位美国房产中介介绍，直到现在美国的一些高收入者为了有一处优美的居所，宁愿花几倍的钱在市郊外买房子。因此，纽约就有了"穷人住市区，富人住郊区"的说法。

美国格兰谷州立大学徐刚博士在接受 21 世纪经济报道记者采访时表示："城市化的快速发展使得美国开始进入第二阶段，可称为大都市化阶段。最初，更多的是一种郊区化现象。"

1920 年—1945 年被认为是美国郊区化的开始。1920 年，纽约城市人口猛增到 619 万左右，相比建市初期的 337 万而言，增加了近一倍。而到 20 世纪 50 年代末，纽约人口增速开始放缓，到 60、80 年代，纽约市人口还出现明显的负增长，达到郊区化的高潮。

有学者指出，郊区化主要包括三种外迁过程：一是人口外迁，主要是因城市中心的巨大人口压力而引发的；二是商业外迁，人口的外迁导致为城市居民提供服务的商业服务部门随之外迁；三是工业外迁，主要原因在于市中心以外的土地价格低廉、税收差异等因素吸引企业向郊区外迁。

这段时间内，除了富人撤离市中心，一些加工工业也开始无法承受纽约越来越高的房租和劳动力成本，纷纷撤出纽约，向中西部或者发展中国家转移。《财富》杂志所列的美国最大的 500 家工业公司中，1965 年有 128 家总部驻在纽约，1975 年降为 90 家，1988 年仅余 48 家。

郊区化并不是城市化的反向，而是城市化的一种方式，使郊区变为具有市区多种职能的城市化地域的过程。

上海交通大学特聘教授、博士生导师陆铭向 21 世纪经济报道记者表示，纽约的郊区化是在特定的经济发展阶段发生的，那时候人们对服务业的需求还没有那么大，认为不一定要住在市中心。而且美国汽车普及，哪怕住得远一点，在市中心上班也是现实的。

在纽约郊区化的过程中，汽车扮演着非常重要的角色。不止一位在美国学习、工作过的朋友告诉 21 世纪经济报道记者："美国的公共交通真的不方便"。

"公交车等一班要 40 分钟，纽约市中心的地铁由于年代久远，也比较破旧。在美国没有车，就像没带腿一样。"魏依依说。

2015 年，美国汽车千人保有量已经达到 797 辆，而中国为 128 辆。美国福特、通用汽车这些世界汽车公司巨头，都为美国郊区化提供了基础。

共赢的纽约都市圈

"大约 20 世纪 50 年代开始，美国城市学者和规划师意识到，当时正在进行的不再仅仅是郊区化，而是一种新型的城市发展阶段。其主要特征是，城市经济进入后工业化阶段，人口和产业在区域尺度上重组，开始逐步形成以核心城市为枢纽、多中心、功能联系紧密的大都市地区。"徐刚说。

纽约大都市地区"一马当先"，于1929年完成了第一个规划。纽约大都市地区，横跨纽约、新泽西和康涅狄格三个州。

徐刚表示："纽约大都市规划之所以能够得到三个州的支持，是因为这些地区的地方政府、企业家、各种民间组织意识到，区域性、以合作和协调为目标的远景规划，对大家都有好处，是一种双赢的合作。"

据国家信息中心经济预测部张晓兰的研究，纽约大都市规划的提出来自于"大纽约市"的构想。首先是对纽约及其周边地区进行规划，加快城区的"再中心化"。目的是加强水陆建设，将工业等沿着主要交通枢纽"郊区化"布局，同时引导居民向周边地区扩散转移，为市中心腾出更多空间。

然而，随着汽车的普及，导致了都市圈"以公路建设为导向"，低密度扩张的郊区在纽约都市圈蔓延，形成了"铺开的城市"局面。因此，1968年纽约区域规划协会针对纽约都市圈的现状进行了第二次规划，强调了纽约都市圈的"再集聚"、旧城的复兴以及都市圈交通网络的重建。

随着纽约大都市一步步规划，纽约都市圈也得到革新，并囊括了四个比较大的城市群，分别是纽约—新泽西州、华盛顿、费城以及波士顿，及其下面的郡县。广阔的腹地，为纽约的发展提供了更大的空间。

吉林大学唐艺彬博士2011年发表的论文指出，纽约都市圈完备的城市体系酷似"金字塔"结构，塔尖是纽约，第二层是费城、波士顿、华盛顿等为次中心城市，底层是周围县域的中小城市。

纽约都市圈形成了典型的多核型都市圈，也叫"圈中圈"，每座城市都担当其中的一部分功能。在多极型都市圈中，中心城市彼此间形成紧密的经济联系，交通体系呈现网络化布局，由高速公路、铁路和快速地铁相连接。

在这种类型的都市圈中，各中心城市的经济实力均衡，通过经济辐射和吸引形成一体化的生产和流通经济网络，提升整个都市圈的竞争力。

徐刚表示，这种多中心网络型城市群，一方面可以通过网络来实现大城市优势，包括规模效益和规模外在效应，同时可以避免传统的单中心大城市所导致的"大城市病"。

市场推动的城市分工

在这种多核型都市圈内，人们会怎么选择？易帆的选择或许是一个答案。

易帆告诉21世纪经济报道记者，虽然学校在曼哈顿的下城，但是住在新泽西的纽波特比纽约曼哈顿的某些地方还近一些。新泽西与纽约隔河相望，由一座大桥相连，去上学过河就到了。"住在新泽西州成为一个性价比最高的选择。"这是易帆在接受采访时反复提及的一句话。

"我现在住的地方是带独立卫浴的主卧，同样的价格在曼哈顿就不行，住在新泽西性价比更高。纽约市中心房价会稍微贵一些，相对于周边郊区也不会贵太多，但同样的价格，居住面积、环境和设施都较差，纽约市中心的基础设施和住宅老旧。而且因为大量商业工作人群和游客的来往，比周边城市拥挤繁杂很多。"易帆说道。

易帆还表示，新泽西住了很多在市里工作的人，她现在住的地方就是为了方便在曼哈顿中下城工作的人新建的一块住宅区域，大多数都是高端公寓。往新泽西更里面走是传统的美式家庭住宅，她的一些有孩子、有车的中年朋友住在那边。

"更为重要的一点是，美国是根据居住地的税率计征个人所得收入税的，新泽西的税率比纽约市低很多很多，对于工作了的人来说，当然是住在新泽西比较划算。"易帆告诉21世纪经济报道记者。

易帆的选择反映出的是背后的市场经济逻辑。张晓兰就指出，纽约都市圈主要是依靠市场因素，通过城市自身的发展，自发形成具有一定分工体系的都市圈。这种发展路径既遵循了经济社会的发展规律，又很少受到政府的行政干预。

华东师范大学城市研究中心宁越敏在接受21世纪经济报道记者采访时也表示，纽约是经济中心，实际上没有集聚过多的功能，没有特别建过卫星城镇，工业疏解都是按照市场经济进行的。

把目光放回国内，徐刚认为，解决中国大城市交通问题，需要从人口和城市功能的空间组织着手，多中心网络型城市群是一个可供中国借鉴的选择。像京津冀和长三角这样的城市人口密集区，可以大力度地推进这种模式。因此，建设雄安新区是个好举措。

在徐刚看来，雄安新区规划，需要注重三个方面的内容。一是雄安的定位、规划和建设，应该从北京大都市地区和京津唐城市群的长远发展和分工协作的角度进行；二是建设一个雄安，也许不完全能够解决北京的城市问题，应该考虑将来建设第二、第三个类似雄安的新中心的可能性。三是整体协调，包括功能、空间、时间等多维度的协调，例如雄安与北京之间的交通方式和容量设计，需要跟雄安的主体功能相匹配。

"如果雄安将来所提供的职位，能够吸引目前在北京的人口，而且来雄安就职人口的主体部分乐意在雄安居住，那么建设雄安的重要目的之一，可以说是达到了。"徐刚说。

（原载于《21 世纪经济报道》，2017 年 4 月 29 日。特约撰稿张赛男，记者王海平，上海报道，应受访者要求，其中易帆、魏依依为化名。）

资料链接

雄安新区面向全球招标

2017 年 4 月 26 日，河北雄安新区筹备工作委员会召开新闻发布会，河北雄安新区筹备工作委员会计划将 30 平方公里启动区的控制性详规和城市设计面向全球招标。据介绍，河北雄安新区正在按照中央部署和省委要求，组织一流机构、一流人才，精心抓好各项规划编制工作。同时，计划将 30 平方公里启动区的控制性详规和城市设计面向全球招标，开展设计竞赛和方案征集。

附 录

雄安新区大事记

2017 年

● 4 月 1 日，新华社受权发布：中共中央、国务院印发通知，决定设立河北雄安新区。这是以习近平同志为核心的党中央作出的一项重大的历史性战略选择，是继深圳经济特区和上海浦东新区之后又一具有全国意义的新区，是千年大计、国家大事。雄安新区规划范围涉及河北省雄县、容城、安新 3 县及周边部分区域。

雄安新区规划建设以特定区域为起步区先行开发，起步区面积约 100 平方公里，中期发展区面积约 200 平方公里，远期控制区面积约 2000 平方公里。设立雄安新区，是以习近平同志为核心的党中央深入推进京津冀协同发展作出的一项重大决策部署，对于集中疏解北京非首都功能，探索人口经济密集地区优化开发新模式，调整优化京津冀城市布局和空间结构，培育创新驱动发展新引擎，具有重大现实意义和深远历史意义。

● 4 月 4 日晚，河北雄安新区筹备工作委员会提出，将依法严厉打击各种违法售房、购房行为，确保房地产市场管控大局平稳有序。

● 4 月 4 日，媒体刊发新华社专访京津冀协同发展专家咨询委员会组长、中国工程院主席团名誉主席徐匡迪院士的文章，就为何要设立这一新区、新区选址基于怎样考虑、将会带来哪些影响等社会各界关注的一些热点问题进行了解读。

● 4 月 5 日，媒体刊发新华社记者专访国家发展改革委主任何立峰的文章。就设立雄安新区有何背景和重大意义、新区选址为何定在这里、下一步如何规划建设，进行了解读。

● 4 月 5 日，新华社记者专访了河北省委书记赵克志。内容涉及雄安新区的设立对河北乃至全国改革发展意味着什么、新区如何启动实施建设、当前要把握哪些重点工作。

● 4月5日，京津冀协同发展专家咨询委员会委员、清华大学交通研究所所长陆化普在接受新华社记者专访时说，为避免重蹈"现代城市病"之覆辙，雄安新区应做好综合交通系统的顶层设计，建设绿色智慧交通系统。

● 4月6日，京津冀协同发展工作推进会议在北京召开。中共中央政治局常委、国务院副总理张高丽主持会议并讲话。会议认真学习贯彻习近平总书记关于京津冀协同发展的重要讲话和指示精神，落实李克强总理重要批示要求，传达《中共中央 国务院关于设立河北雄安新区的通知》，讨论有关文件，研究部署下一阶段重点工作。

● 4月7日，京津冀协同发展专家咨询委员会委员、中国城市规划设计研究院原院长李晓江在接受新华社记者采访时说，雄安新区规划要充分考虑白洋淀生态水域和当地纵横交错的水网系统的蓝色空间保护，同时构建陆域生态绿色空间体系，形成蓝绿交织的生态体系；要摒弃形式主义的布局手法，采用组团式布局方案；要摒弃单纯功能布局和宽马路、大广场，采用多功能混合，密路网、小街区的宜人生活空间组织；在区域层面要加强与北京、天津、石家庄、保定的协同发展，发挥各自的区域作用。

● 4月8日，京津冀协同发展专家咨询委员会委员、中国工程科技发展战略研究院副院长、中国工程院院士谢克昌接受新华社记者采访时说，建设雄安新区既是改革创新的需要，以便探索人口经济密集地区优化开发新模式，疏解北京非首都功能，也是现实发展的需要，打造京津冀经济发展新增长极，更是借鉴传承的需要。将为城市发展提供探索新的发展路径，也将在未来为很多区域疏解、承接起到示范作用。

● 4月12日，雄安新区临时党委、筹委会印发《关于坚持"以人民为中心"认真做好企业搬迁安置工作》明白纸，提出将积极做好企业搬迁安置工作。

●4月13日，国家发展改革委新闻发言人严鹏程在当日举行的新闻发布会上指出，下一步将推动雄安新区规划编制，指导河北省和有关方面准确把握雄安新区功能定位，高标准高质量组织编制雄安新区总体规划、起步区控制性规划、启动区控制性详细规划及白洋淀生态环境治理和保护规划。

●4月14日，媒体刊发新华社题为《千年大计　国家大事——以习近平同志为核心的党中央决策河北雄安新区规划建设纪实》的文章。

●4月14日，新华社发表中共中央政治局常委、国务院副总理、京津冀协同发展领导小组组长张高丽近日就设立雄安新区接受新华社记者独家专访的报道，就雄安新区的设立进行了详细解读，内容涉及：在筹划设立雄安新区过程中，习近平总书记如何进行指导、决策，有哪些关键指示？在疏解北京非首都功能方面，怎么理解雄安新区的定位和功能？设立雄安新区对全国改革发展大局有怎样的重大意义？京津冀协同发展领导小组是如何推进部署这一新区设立的，下一步如何建设实施？

●4月14日，新华社发表文章，针对三县部分企业高度关注的搬迁安置、未来发展等问题，雄安新区将充分听取群众意见，从传统特色产业生产生活特点入手，统筹安排，科学规划建设企业园区。

●4月16日，权威媒体报道，国家发改委、国资委等部门和国家开发银行、建设银行、农业银行等多家金融机构，宣布积极部署服务雄安新区建设，推动雄安新区规划编制、提供金融服务保障等。

●4月18日，天津市委书记李鸿忠，市委副书记、市长王东峰一行到河北考察雄安新区规划建设。两省市签署《河北省人民政府、天津市人民政府关于积极推进河北雄安新区建设发展战略合作协议》。

●4月20日—21日，河北省委九届三次全会召开。全会审议通过了《中共河北省委关于深入学习贯彻习近平总书记重要讲话精神全力做好当前雄安新区规划建设工作的决议》。

●4月24日，河北省与交通运输部在雄安新区举行工作交流座谈会，就新区综合交通运输规划建设进行交流对接、深化合作。交通运输部与省政府签署关于加快河北省交通运输发展合作协议。

●4月26日，河北雄安新区召开首场新闻发布会，目前新区正在按照中央部署和省委要求，组织一流机构、一流人才，精心抓好各项规划的编制工作，有序推进新区建设，计划将30平方公里启动区的控制性详规和城市设计，面向全球招标，开展设计竞赛和方案征集。

●4月27日，雄安新区筹委会表示，"五一"期间，雄安新区将加大房地产市场专项整治力度，继续严格落实"房子是用来住的、不是用来炒的"要求。

●5月6日，中共中央政治局常委、国务院副总理张高丽在河北实地察看和调研雄安新区规划建设有关工作。张高丽前往容城县了解雄安新区铁路、公路、水路等交通情况；到雄县公共资源交易中心和部分住宅小区售楼部，调研土地、房地产、户籍管控工作；到宋辽古战道，调研文化遗产、文物等保护工作；然后到白洋淀察看生态环境整治工作。6日下午，张高丽在安新县主持召开雄安新区规划建设工作会议，听取河北省有关工作情况汇报，研究部署当前和今后一个时期重点工作。

●5月11日，河北省常务副省长、雄安新区临时党委书记袁桐利就雄安新区规划建设筹备工作接受新华社记者专访。袁桐利表示，雄安新区管控工作总体平稳，规划取得阶段性进展；建立了完善的工作机制，稳扎稳打抓好落实；让低房价成为新区的核心竞争力。

●5月15日至16日，受商务部部长钟山委托，商务部副部长钱克明带领商务部12家单位组成的工作组赴雄安新区调研，与河北省政府就雄安新区规划建设工作进行对接沟通。商务部将与河北共同研究雄安新区建设开放发展先行区。

●5月30日，河北省文物部门表示，雄安新区文物保护与考古工作站、雄安新区联合考古队近日都已成立，雄安新区文物保护与考古工作已进入全面实施阶段。联合考古队由5个考古调查队、1个地面文物调查队、1个战国燕南长城文物调查队和1个遥感考古队组成，由省、市、县三级文物部门统一编队，并邀请中国社会科学院考古研究所、国家博物馆、故宫博物院、中国文化遗产研究院等单位参与。

后 记

　　本书是以新华社播发的系列稿件和评论为基础，收录和整合部分专家学者对雄安新区建设的解读分析，为读者较为全面地认识雄安新区这一"千年大计、国家大事"提供参考。为方便阅读，在尊重事实的前提下，我们对部分稿件、评论、专文的标题及正文进行了必要的修改，并配以相关图片和资料。

　　本书在编辑出版过程中，汇集了新华社记者有关雄安新区的报道，以及《新华每日电讯》《参考消息》《国际先驱导报》《21世纪经济报道》等主流媒体刊发的权威报道。其中部分作者已在文末署名，其他作者在此一并列出、致谢！

　　在本书即将付梓之际，特向以下作者表示感谢（排名不分先后）：

　　霍小光、张旭东、王敏、曹国广、李亚红、王洪峰、陈炜伟、熊争艳、娄琛、王民、巩志宏、周亮、张洪河、李俊义、王希、任丽颖、安蓓、孔祥鑫、赵超、李鲲、林晖、韩洁、高博。

　　因编者水平有限，且成稿之际，雄安新区规划建设正处于开局阶段，我们将持续关注，再版时加以更新，为广大读者提供有益参考。书中有不当之处，敬请广大读者指正。

本书编写组

2017年6月于第一版付印前